La grave allégresse

PÈRE FRANÇOIS POTEZ

La grave allégresse

Être prêtre aujourd'hui

MAME

MAME

Direction : Guillaume Arnaud
Direction éditoriale : Sophie Cluzel
Direction artistique : Armelle Riva
Édition : Vincent Morch
Compositeur : Text'Oh (Dole)
Direction de fabrication : Thierry Dubus
Fabrication : Audrey Bord

www.mameeditions.com
ISBN : 978-2-7289-3224-5
MDS : MM32245

Introduction

Mon cher Benoît,

Une image me revient en mémoire. Un souvenir intense. C'était le jour de ton ordination. Nous entrions dans la cathédrale. Procession majestueuse : les séminaristes, les ordinands, les prêtres, les évêques, et cette foule chantant à pleine gorge la gloire de Dieu dans son Église. J'étais à tes côtés, et j'étais ému et fier de te mener ainsi à l'autel, comme un père accompagne son fils vers le rendez-vous de sa vie. Nous avions tous les deux les larmes aux yeux. Et je me rappelle t'avoir dit à l'oreille, saisi d'une sainte frayeur : « Regarde ton épouse, comme elle est belle ! » C'est vrai : ce jour-là, tu devenais vraiment époux.

Et moi, je pensais à ce cantique d'action de grâce de Jean-Baptiste :

> Celui à qui l'épouse appartient, c'est l'époux ; quant à l'ami de l'époux, il se tient là, il entend la voix de l'époux, et il en est tout joyeux. Telle est ma joie : elle est parfaite. Lui, il faut qu'il grandisse ; et moi, que je diminue[1].

---

1. Jn 3, 29-30. Les textes bibliques sont donnés dans la traduction officielle liturgique (Paris, Mame, 2013).

Je pense souvent à ces heures de conversation avec toi, depuis les années de ta jeunesse, bien avant ton ordination, et jusqu'à aujourd'hui. Quel chemin ! À présent, te voilà prêtre depuis une bonne dizaine d'années. Globalement, tu es un prêtre heureux, mais comme tout le monde, tu ressens aussi les fatigues et les difficultés de la vie. Fatigues et difficultés du ministère, bien sûr, dans le contexte difficile de notre monde et de l'Église d'aujourd'hui, mais aussi comme homme, tout simplement. Mener sa barque dans le flot d'une vie qui cherche à être fidèle au dessein de Dieu, voilà une fameuse bataille.

C'est vrai, la vie est belle et rude à la fois. Et, en prenant de l'âge, je trouve la vie de plus en plus belle. Et de plus en plus rude aussi. Nous parlons souvent de tout cela. À propos de ta vie à toi, mais aussi à propos de la vie en général, de la vie de prêtre, de l'Église, du monde. Disons-le, nous aimons refaire le monde ! Et tu sais comme j'aime ces conversations, à travers lesquelles nous essayons de discerner, au fil du temps, les chemins de l'Esprit. C'est qu'il souffle où il veut[1] ! Pas toujours facile de rester dans son Souffle !…

Depuis quelque temps, tu m'as demandé, comme d'autres prêtres avec toi, de mettre par écrit certaines de ces conversations. Tu aimerais en garder la trace et pouvoir y revenir à tête reposée. Je dois te dire que j'ai eu beaucoup de mal à vaincre mes réticences. Autant je suis assez fort pour parler à bâtons rompus, autant la mise par écrit, c'est

1. « Le vent souffle où il veut : tu entends sa voix, mais tu ne sais ni d'où il vient ni où il va » (Jn 3, 8).

une autre affaire ! Alors, j'ai essayé de rassembler mes idées, en même temps que quelques souvenirs, et je me suis efforcé de garder ce style à bâtons rompus dans les lettres que tu vas lire. Permets donc à un prêtre entre deux âges de s'adresser ainsi à un fils devenu ami.

À travers ces lettres, tu le sentiras sans doute, mais tu y es habitué, je me mouille pas mal, et je dis les choses franco. Après tout, je n'ai rien à perdre, et je n'ai pas d'autre ambition que celle de monter à petits pas la pente raide qui rejoint le Seigneur dans son Ciel. À vrai dire, j'aimerais bien prendre le même ascenseur que la petite Thérèse pour monter plus vite[1]... Mais ça demande une grande humilité que je n'ai pas encore.

Ces lettres te sont adressées à toi, personnellement, parce que je tenais à garder ce ton direct. Mais tu comprendras vite que ce « toi » n'est pas unique. Il y a beaucoup d'autres prêtres qui se revendiquent de la même paternité. Certains sont encore tout jeunes, plus que toi, et d'autres, un peu plus avancés en âge et en expérience. Tant de visages, tant de sourires qui me sont chers, qui demeurent au fond de mon cœur et défilent devant les yeux de ma mémoire en t'écrivant ces lignes. Telle anecdote, telle conversation, telle aventure se rapporte tour à tour à l'un ou à l'autre.

Et puis je me suis dit que ces lettres, après tout, intéresseraient peut-être aussi certains laïcs. En leur permettant d'y découvrir certaines facettes de la vie du prêtre, elles

---

1. Voir la prière de sainte Thérèse de l'Enfant-Jésus à Jésus en Annexe, p. 185.

leur inspireraient, pourquoi pas, une certaine indulgence pour ces hommes ordinaires que Dieu choisit pour porter un trésor extraordinaire qui les dépasse tant.

Cher Benoît, tu sais ma grande amitié et ma prière fidèle. Tu sais que je te confie tous les jours à la garde maternelle de l'Immaculée. Je te garde au creux de sa tendresse.

Et c'est de là que je t'embrasse et te bénis de tout cœur.

À toujours.
PF+

1

Le prêtre, homme de la grave allégresse

Mon cher Benoît,

Tu m'as souvent entendu parler de la grave allégresse. C'est une expression qui revient souvent dans nos conversations. Comme un slogan, un signe de reconnaissance presque. Tu m'as même raconté qu'un jour, tu avais parlé de cette grave allégresse dans une homélie, et tu avais vu un homme, à la sortie de la messe, qui te demandait si, par hasard, vous n'auriez pas le même père…

Laisse-moi t'en parler un peu plus profondément. Elle est si importante pour moi. Comme si elle dominait tout le reste. J'ai tellement la conviction que le prêtre doit être l'homme de la joie. Apôtre de la joie !

C'était la veille de mon ordination. Je rentrais de ma retraite et je trouve dans mon casier une énorme pile de courrier. Des tas d'amis qui voulaient me dire leur affection et m'assurer de leur prière. Désireux de demeurer dans le recueillement et dans le silence intérieur jusqu'au lendemain, je laisse tout cela avec l'intention de ne l'ouvrir qu'après le jour J. Une enveloppe toutefois attire mon attention : l'écriture m'est familière et très aimée. C'est une religieuse, une des nombreuses mères qui ont profondément marqué ma vie. Celle-là, je décide de l'ouvrir.

Dedans, une carte avec une phrase, une seule : « François, soyez dans une grave allégresse. »

Cette phrase est devenue pour moi comme une maxime, une devise. Elle domine et oriente tout mon sacerdoce. Toute ma vie.

JOIE

J'ai toujours été marqué par la joie. En fouillant dans mes souvenirs d'enfance, je me rappelle une vie plutôt joyeuse à la maison. Ma mère surtout avait un tempérament joyeux. Nous chantions beaucoup en famille, avec mes parents. J'ai par exemple le souvenir particulièrement doux de ces soirées de Noël que nous passions tous ensemble. Nous chantions des chants de Noël, chacun notre tour ou à l'unisson, accompagnés par mon père qui jouait de la flûte. Les uns et les autres y allaient à tour de rôle d'une poésie ou d'un texte récité par cœur. Mes parents chantaient ensemble, à deux voix. *L'Hymne à la nuit* de Rameau était leur grand tube ! Ou encore me reviennent en mémoire ces soirées interminables pendant les vacances, à chanter, à raconter des histoires ou à écouter celles que mon père adorait raconter.

Souvenirs joyeux, marqués tout de même par une certaine gravité. Mon père médecin portait constamment le souci de ses malades. Mes parents n'avaient pas choisi une vie facile et les difficultés ne manquaient pas. Difficultés et soucis qui n'empêchaient pas ce sentiment que je garde d'un élan vers l'avant. Une sorte de grand enthousiasme pour la vie. On rêvait de refaire le monde. La vie avait un vrai goût d'aventure, même dans les difficultés.

Le 8e article de la loi scoute, « Le scout sourit et chante dans les difficultés », résonnait pour moi d'une façon particulière. Plus tard, la prière du marin[1], dérivée de celle du parachutiste, m'impressionnait, et je la disais tous les jours avec appétit. J'y soupçonnais la présence d'un grand mystère qui m'attirait.

DOULEUR

La joie, pour moi, c'était surtout, et c'est encore, saint François d'Assise. Je dois tout à mon saint patron. C'est lui qui m'a donné la vocation quand j'étais encore enfant. Je lisais son histoire avec passion, et sa radicalité me faisait rêver. Très tôt, j'ai été marqué par ce qu'il expliquait à frère Léon au sujet de la « joie parfaite[2] ». La joie de saint François, homme joyeux par excellence, n'a rien de cette espèce de rêve écologique et vaguement insouciant dont on l'a souvent affublé. C'est une joie terriblement exigeante, toute surnaturelle. Une joie radicale, verticale. Cette joie est le fruit du dépouillement total, de la pauvreté poussée jusqu'à la fin. Il y a quelques années, lors d'un pèlerinage paroissial à Assise, nous voulions aller chercher les sources de la joie de saint François. Et c'est au mont Alverne que j'ai été bouleversé. L'Alverne, c'est là que saint François a reçu les stigmates de la Passion de Jésus. Dans sa prière, il demandait la grâce d'épouser les sentiments du Christ crucifié : l'amour brûlant pour son Père et l'amour dévorant pour les pécheurs, en même temps que l'horreur du péché.

1. Voir en Annexe, p. 186.
2. Dans le chapitre 8 des *Fioretti*.

C'est au terme d'un long jeûne, caché au fond d'une grotte humide et froide, qu'il a finalement été exaucé, bien au-delà de son désir pourtant immense. Mystère tellement impressionnant !

GRAVE ALLÉGRESSE

Mais voilà que tout cela se trouvait d'un coup synthétisé dans cette expression si forte : « la grave allégresse ». La juxtaposition de ces deux mots est étonnante, mais tellement significative. Cette grave allégresse est comme une joie particulière, au sommet de toutes les autres formes de joie – tellement plus grande et plus profonde, celle-là, que toute autre forme de joie.

Il y a l'optimisme ou la gaîté, mais c'est une affaire de tempérament. Il y a la joie sensible, émotion passagère qui salue quelque chose qui nous fait plaisir, qui nous fait du bien. Il y a encore la joie partagée, celle que l'on éprouve à donner, à se donner, à pardonner : c'est évidemment beaucoup plus grand et plus fort, mais encore difficilement compatible avec la souffrance ou la tristesse.

Et puis, il y a cette joie spirituelle, joie chrétienne par excellence[1] – cette joie surnaturelle, au sens où elle vient d'En Haut[2]. Elle est comme une vertu, une véritable

1. Je voudrais renvoyer ici à un livre magnifique, *Le Prodigieux mystère de la joie*, du père Matthieu DAUCHEZ (Artège, 2014). Au service des enfants des rues à Manille depuis une quinzaine d'années, il s'interroge sur la joie extraordinaire, dont il est tous les jours le témoin émerveillé, chez ces enfants qui vivent pourtant dans une misère indicible.

2. « Comme le Père m'a aimé, moi aussi je vous ai aimés. Demeurez dans mon amour. Si vous gardez mes commandements, vous demeurerez dans mon amour, comme moi, j'ai gardé les commandements de mon Père, et je demeure dans son

structure de l'âme. Elle caractérise vraiment le chrétien en tant que tel. Saint Paul en fait d'ailleurs un devoir[1]. Et je pense que ce devoir est encore plus grave pour nous qui sommes prêtres.

Je trouve que l'expression « grave allégresse » dit admirablement cette joie.

C'est vraiment une allégresse. L'allégresse qui chante la victoire de la résurrection, la victoire de l'amour sur la haine, de la vie sur la mort, de la vérité sur le mensonge. Cette allégresse est entretenue par la foi et l'espérance théologales[2]. C'est l'allégresse de Marie, déjà, lors de la Visitation : « Mon esprit exulte en mon Dieu. »

Cher Benoît, oublie cette allégresse, et les difficultés de la vie te feront rapidement retomber dans le découragement, dans l'angoisse d'une vie qui n'a plus de sens, puisqu'elle est dominée par la mort – angoisse et découragement qui n'auront plus rien de chrétien. Peut-être même connaîtras-tu le désespoir, comme beaucoup de nos contemporains. Pour échapper à l'angoisse et au désespoir, beaucoup se noient dans des plaisirs sensibles et faciles : on boit pour oublier qu'on a soif… Mais plus on boit, et plus on a soif, sans connaître l'origine de cette soif ! C'est un cercle infernal. En te disant cela, je pense à des prêtres qui souffrent terriblement de solitude et d'ennui. Qui

amour. Je vous ai dit cela pour que ma joie soit en vous, et que votre joie soit parfaite » (Jn 15, 9-11).

1. « Soyez toujours dans la joie, priez sans relâche, rendez grâce en toute circonstance : c'est la volonté de Dieu à votre égard dans le Christ Jésus » (1 Th 5, 16-18).

2. « La foi est une façon de posséder ce que l'on espère, un moyen de connaître des réalités qu'on ne voit pas » (He 11, 1).

allument le soir la télé pour tuer le temps. Ou qui s'en vont flâner sur YouTube... Quel malheur et quelle souffrance !

Cette allégresse est grave aussi parce qu'elle n'oublie jamais le poids du péché et de ses conséquences. Elle n'oublie jamais le poids de la souffrance du monde. Elle n'oublie pas que Jésus est mort avant de ressusciter. Et cette histoire est grave. Elle pèse son poids ! Cette gravité est entretenue par la charité, qui nous inspire de nous unir aux souffrances du Christ[1]. Oublie cette gravité, et ton allégresse deviendra rapidement simple exubérance. Elle ne sera plus chrétienne. C'est d'ailleurs une grande tentation, très actuelle chez beaucoup de chrétiens, ou dans de nombreuses communautés : on chante la louange, mais on voudrait exclure la croix. Alors, on commence à planer. « Si nous ne confessons pas Jésus Christ, disait le pape François au lendemain de son élection sur le siège de Pierre, nous deviendrons une ONG humanitaire, mais non l'Église. »

Cette joie-là, cette grave allégresse, est donc compatible avec la souffrance, et même avec la tristesse et les larmes. Elle traverse les plus grandes épreuves et surmonte les difficultés avec une force qui soulève les montagnes. Puissante et légère, elle est un vrai repos de l'âme et lui donne une grande stabilité.

---

1. « Maintenant je trouve la joie dans les souffrances que je supporte pour vous ; ce qui reste à souffrir des épreuves du Christ dans ma propre chair, je l'accomplis pour son corps qui est l'Église » (Col 1, 24).

J'ose aller plus loin, même si c'est en tremblant : c'est du fond de l'abîme de la détresse que monte le cantique de cette joie-là. Sur la croix, Jésus descend jusqu'aux tréfonds de l'abîme, jusqu'à ressentir l'abandon de son Père, mais il vit aussi déjà de la joie de sa vie donnée pour nous sauver, de sa vie offerte pour que nous vivions de sa vie. N'y a-t-il pas, tout au bout du cri de douleur que Jésus exprime de tout son être, « Mon Dieu, mon Dieu, pourquoi m'as-tu abandonné ? », la révélation d'un chant de victoire et de joie ? Il faut lire et prier jusqu'au bout le psaume 21, jusqu'aux derniers versets : « À vous, toujours, la vie et la joie ! »

J'en suis intimement persuadé, et de plus en plus : Marie n'a jamais chanté plus parfaitement son *Magnificat* qu'au pied de la croix. Elle aussi vit la souffrance, à des profondeurs qu'aucun être humain ne pourra jamais sonder. Mais elle vit déjà la joie de la victoire de la vie. « Dans les douleurs et la torture d'un enfantement[1] », ne vit-elle pas déjà la joie de la vie recouvrée par le Bon Larron réconcilié ? Oui, vraiment, la joie de Marie, c'est la grave allégresse.

Tu vois, Benoît, je crois que l'on attend du prêtre qu'il soit particulièrement témoin de ce mystère. Encore une fois, je le dis en tremblant. Mais profondément convaincu.

APPRENDRE À SOURIRE

Je te le disais, cette joie s'exerce et s'entretient. Elle s'exerce par la louange, et aussi par la pénitence – par la

1. Ap 12, 2.

louange qui dilate le cœur et dispose à l'allégresse ; par la pénitence qui évite toute évasion et qui permet de demeurer dans l'esprit de componction, comme disaient les Anciens[1].

Souvent, je médite cette phrase : « Le seul fait que j'existe prouve que Dieu m'aime ! » Puisque Dieu peut tout et qu'il est absolument libre, puisqu'il n'a besoin de rien ni de personne pour être lui-même, s'il me crée, cela ne peut être que dans une gratuité absolue. Donc, dans un amour absolument pur. Et il me crée pour se laisser aimer par moi ! Mystère insondable. Cette méditation conduit à la louange très pure, mais aussi à la pénitence, quand je prends conscience que je suis tellement indigne de cet amour.

La clé de tout, c'est la vulnérabilité. En effet, si tu te blindes, tu ne peux pas connaître cette joie : c'est comme si elle ne pouvait pas pénétrer en toi. Si, au contraire, tu désarmes ton cœur, si tu oses le mettre à nu devant Dieu, et aussi devant les autres, alors tu redeviens comme un petit enfant : tu apprends à te laisser aimer, et la joie de Dieu t'envahira. Se laisser aimer !... Je t'en ai parlé souvent. Et je t'en reparlerai encore. J'en suis tellement persuadé : la sainteté consiste essentiellement à se laisser aimer. Aimer, au fond, c'est se laisser aimer. C'est tellement exigeant, mais tellement beau !

1. La componction est une attitude intérieure qui consiste en une certaine tristesse et une grande humilité, produite par les effets du repentir : la conscience du péché et le regret douloureux d'avoir offensé Dieu.

Au fond, je pense que la joie exige le sourire. Il faut le cultiver, ce sourire. Il faudrait que nous devenions des professionnels, des spécialistes du sourire, pour devenir sans cesse davantage des spécialistes de la joie. J'ai toujours été très marqué par le sourire humble et pauvre de certains prêtres. Pas des grands théologiens, pas des grands intellectuels. Des prêtres qui savent pleurer et qui savent sourire. Il est beau et il fait du bien, le sourire enthousiaste d'un jeune prêtre plein d'allant. Mais le sourire douloureux et confiant du vieux prêtre, doucement transfiguré par la grave allégresse, voilà qui remue le monde !

C'est ce que je te souhaite de tout mon cœur, avec grande et fidèle affection.

Que le Seigneur te bénisse et te garde.

À toujours.
PF+

2

Le prêtre, homme de la miséricorde

Mon cher Benoît,

Si le prêtre est l'homme de la grave allégresse, il est aussi, fondamentalement, l'homme de la miséricorde. Plus que quiconque, il doit être le reflet de l'amour de Dieu. Plus que quiconque, il faudrait que l'on puisse lire sur son visage la bonté de Dieu, la miséricorde de Dieu. Évidemment, cela nous confond de parler de cela, tant nous sommes conscients de notre insuffisance dans ce domaine. Mais notre médiocrité ne doit pas arrêter notre désir de lui ressembler de plus en plus, au contraire !

AIMER ET PATIENTER

Regarde souvent Jésus crucifié. Sa douceur et sa patience impressionnent. Elles impressionnent tant que ce sont elles qui touchent le cœur du Bon Larron, et aussi celui du Centurion. « Soumettons-le à des outrages et à des tourments, se moquaient les méchants dans le Livre de la Sagesse : nous saurons ce que vaut sa douceur, nous éprouverons sa patience[1]. » « Insulté, il ne rendait pas l'insulte, dans la souffrance, il ne menaçait pas, mais il s'abandonnait à Celui qui juge avec justice[2]. »

---

1. Sg 2, 19.
2. 1 P 2, 23.

Pour devenir peu à peu cet homme de miséricorde, je ne vois donc pas d'autre moyen que de nous exercer sans relâche à la douceur et à la patience.

Tout d'abord, aimer les gens. Les aimer intensément, jusqu'à porter sur nous l'odeur des brebis, comme dit le pape François. Il faudrait que nous puissions être imprégnés de cet amour. Bien sûr, il y en a qui sont faciles à aimer. Ceux-là, je ne te demande pas de les aimer, tu le feras naturellement – encore que tu dois faire effort pour les aimer surnaturellement, et pas seulement d'un amour trop humain, voire mondain parfois. Mais tous les autres, ceux qui sont difficiles à aimer, les gens compliqués, ceux qui t'agacent, ceux qui te critiquent, ceux qui te gênent, et ceux aussi qui te laisseraient volontiers indifférents – dans ta paroisse ou dans ton ministère en général, ils ne manquent pas... –, eh bien ! ce sont ceux-là qu'il faut aimer ! Encore plus que les autres ! Pas d'autre moyen à mon avis que de s'y exercer souvent. Il faut t'efforcer de poser sur eux le regard du Christ. Te demander comment il les aime, lui. Essaie de ne pas critiquer, de ne pas dire du mal. Quitte à te mordre les lèvres, cultive le silence et l'écoute. Ne te laisse pas embarquer dans une conversation dans laquelle tu sens que tu seras amené sur ce terrain dangereux.

Tu te demandes comment c'est possible, et tu te lamentes de ne pas y arriver. C'est normal ! Et même, plus tu fais des efforts pour y parvenir, et plus tu t'en sens incapable. Mais, imperceptiblement malgré tout, la charité transforme peu à peu notre cœur.

Je me rends bien compte que je prêche un convaincu, et je te demande pardon de ne pas être toujours un bon exemple ! Si je le fais quand même, c'est parce que je me parle à moi-même en te le disant... Mais c'est aussi parce que, s'il est terrible de rencontrer un prêtre triste ou terne, c'est encore bien pire de tomber sur un prêtre qui manque de bonté, qui manque de miséricorde – sur un prêtre qui critique ou qui dit du mal. Je le confesse, il y a des choses qui m'agacent chez certains charismatiques. Mais je dois dire que j'ai une admiration sans borne pour mes amis de la communauté de l'Emmanuel : chez eux, on n'entend jamais personne dire du mal des autres. Ça, ce n'est même pas de la vertu, c'est de la sainteté !

Aimer les gens, et apprendre la patience. Patienter dans les épreuves. Que ces épreuves soient morales, psychologiques, physiques, nous devons apprendre à nous abandonner à Celui qui peut tout. La plupart du temps, le sens de ces épreuves nous est caché. Nous ne comprenons pas le « pourquoi » de ces souffrances. Et tant que nous posons la question « pourquoi ? », nous nous cognons à un mur infranchissable. Il n'y a pas de réponse à la question « pourquoi ? ». La seule question qui vaille est le « comment ? » : « Seigneur, comment veux-tu que je réagisse ? Par où veux-tu que je passe ? Que veux-tu me dire et m'apprendre à travers cette épreuve ? »

LA QUESTION DU « POURQUOI ? »

À travers un moment très difficile que j'ai eu à traverser, j'ai fait une découverte essentielle qui a profondément marqué ma vie tout entière. Une découverte qui en a marqué une étape décisive. J'ai découvert que l'on reconnaît la croix de Jésus à ce qu'elle est absurde. Jusqu'alors, je rêvais de belles croix. J'attendais de rencontrer une belle épreuve. De celles qui sont rapportées dans les livres et qu'on admire. J'espérais connaître quelque chose « qui aurait de la gueule » !… Et puis je me suis cogné à une épreuve idiote. Une épreuve vraiment importante, mais qui n'avait pas de sens humainement. Tous les soirs et tous les matins, je disais au Seigneur :

– Mais, Seigneur, c'est complètement idiot. Il suffirait d'un rien…

– Oui, me répondait-il invariablement, mais je ne veux pas ce rien. Pour le moment, c'est toi que je veux. Je veux ta patience, ton abandon, ton obéissance.

Alors, peu à peu, j'ai accepté ce qui me paraissait idiot et absurde, mais qui était plus fort que moi. Je me suis laissé faire et conduire sur des chemins que je n'aurais jamais choisis par moi-même. Que je n'aurais même pas pu imaginer. Mais des chemins, j'en suis sûr maintenant, qui m'ont mené tellement plus loin que si j'avais choisi moi-même.

Entre tous les mystères du Rosaire, j'aime particulièrement le cinquième mystère joyeux. Le mystère du Recouvrement de Jésus au Temple de Jérusalem. Il est classé parmi les mystères joyeux parce qu'il s'agit encore de la période de l'enfance de Jésus, mais il est pourtant si douloureux déjà !

Je regarde surtout Marie poser la question à Jésus :

– Mon enfant, pourquoi nous as-tu fait cela ? Vois comme ton père et moi, nous avons souffert en te cherchant[1] !

Marie pose la question « pourquoi ? », mais sans aucune revendication, sans aucune impatience. Elle ne demande pas à Jésus de s'expliquer ou de se justifier – ce que nous ferions tous spontanément. Elle cherche le sens profond de cette épreuve. Elle demande seulement ce qu'elle doit en recevoir. Elle cherche à s'ajuster au plus près de la volonté de celui qui est son fils, mais de qui elle reçoit tout. Et, le plus extraordinaire, c'est qu'il est dit explicitement qu'elle ne comprend pas – pas plus que Joseph – ce que Jésus leur répond :

– Comment se fait-il que vous m'ayez cherché ? Ne saviez-vous pas qu'il me faut être chez mon Père[2] ?

Et voilà l'essentiel : « [Marie] gardait dans son cœur tous ces événements[3]. » Elle les garde précieusement, avec douceur et patience, jusqu'au jour où elle en saisira tout le sens, quand Jésus sera dans le tombeau. Alors que Marie-Madeleine et les autres femmes le chercheront fébrilement, Marie, elle, sera paisible, infiniment douloureuse mais parfaitement confiante dans l'espérance de la résurrection promise : elle sait alors que Jésus est « aux affaires de son Père ».

1. Lc 2, 48.
2. Lc 2, 49.
3. Lc 2, 51.

DISPONIBILITÉ

Homme de la miséricorde, le prêtre est un homme disponible.

Qu'il est difficile d'être disponible alors que l'on est terriblement occupé ! C'est une bataille constante. Il faudrait que l'on sache que l'on ne dérange jamais un prêtre. C'est sûr, le prêtre a le droit, et même le devoir, de se reposer. Je t'en reparlerai plus tard. Mais quand il est là, il doit être disponible. Non pas qu'il doive répondre dans l'instant à une demande de rendez-vous : c'est bien sûr impossible. Mais sa manière de répondre au téléphone – une fameuse bataille ! –, sa façon d'accueillir, même quand il est pressé, tout en lui doit montrer qu'il s'intéresse d'abord aux autres et qu'il n'est pas un homme d'affaires, mais un homme donné. Tu l'expérimentes comme moi : il y a des personnes que l'on hésite toujours à appeler, parce que l'on ne sait jamais comment on va être reçu, selon qu'elles sont bien ou mal lunées… Et puis, il y en a d'autres dont on est sûr qu'elles nous accueilleront par un sourire, un mot ouvert ou un éclat de rire.

On ne comprenait pas Jésus – jusqu'à sa propre famille qui voulait le corriger, parce qu'il ne prenait même plus le temps de manger[1] ! C'est lui qui se faisait manger. Encore une fois, bien sûr, on ne peut pas répondre à tout, et il faut même apprendre à dire non, ce qui est bien difficile ! Mais si les gens comprennent facilement que le prêtre ne peut

---

1. « Alors Jésus revient à la maison, où de nouveau la foule se rassemble, si bien qu'il n'était même pas possible de manger. Les gens de chez lui, l'apprenant, vinrent pour se saisir de lui, car ils affirmaient : "Il a perdu la tête" » (Mc 3, 20-21).

pas se démultiplier, ils attendent de lui une manifestation de la miséricorde dans sa façon d'accueillir.

LES GESTES DE LA MISÉRICORDE

Si le prêtre est l'homme de la miséricorde, il faut que cela se voie. Que cela se voie sur son visage, dans son regard. Dans ses attitudes et tous ses gestes. Or, il me semble que les gestes de la miséricorde, c'est cela que l'on appelle la tendresse. Autrement dit, la tendresse est, je crois, la manifestation visible, dans les gestes, de la miséricorde. L'incarnation de la miséricorde, en quelque sorte[1]. « Que les gestes de votre corps soient le reflet de votre cœur », disait saint Jean-Paul II aux jeunes du Parc des Princes, en 1980. Plus loin, je te parlerai de la chasteté et de son rapport à la tendresse. Mais je peux te dire dès maintenant que la tendresse n'est pas incompatible avec la chasteté, Dieu merci !

Je me rappelle cette messe concélébrée avec un groupe de prêtres. Toutes les générations étaient représentées, et j'étais à côté d'un prêtre âgé. Un vrai grand-père. Au moment du baiser de paix, je me tourne vers lui et je l'embrasse comme on embrasse un grand-père (j'étais encore jeune à l'époque !). Et voilà qu'il ouvre des grands yeux, et me dit, tout fort : « Oh, qu'est-ce que c'est sympa ! » Je me suis dit que ce prêtre n'avait pas été embrassé depuis longtemps…

1. « La tendresse c'est l'amour qui se fait proche et se concrétise. C'est un mouvement qui part du cœur et arrive aux yeux, aux oreilles, aux mains. La tendresse est le chemin à suivre par les femmes et les hommes les plus forts et les plus courageux » (pape FRANÇOIS, *Fratelli tutti*, n° 194).

Je ne pourrai jamais oublier non plus ce jour – plus récent – où tu es venu me voir à l'hôpital à un moment où je n'allais vraiment pas bien. Je ne pouvais pas dire grand-chose, mais tu es resté là, un vrai moment, à m'écouter en silence. Et puis, en partant, tu m'as pris la tête dans les mains et tu m'as embrassé. C'était moi, le grand-père, cette fois. Et ce geste de vraie tendresse que tu as eu là me restera profondément gravé dans le cœur.

Cette tendresse, il faut que chacun la connaisse et se sente concerné par elle. Manifestée différemment, elle est la même pour le préfet et pour l'éboueur, pour la « dame caté » et pour le sacristain, pour le catéchumène et pour la boulangère. La même présence à chacun. Avec une préférence pour les plus pauvres et les plus petits.

Ne manque jamais ce que j'appelle la « séance de parvis », après la messe dominicale. Il y a quelque chose de dangereux, sur le parvis : ou bien c'est un rendez-vous mondain où l'on détruit en quelques minutes ce qui vient de s'opérer par l'Eucharistie, ou bien on construit la communauté paroissiale, en vivant concrètement la charité à laquelle on vient de communier. J'ai une règle que mes paroissiens connaissent bien : « On ne parle pas à une personne que l'on connaît avant d'avoir parlé à deux personnes que l'on ne connaît pas. » Les personnes qui viennent chez toi se sentent-elles reconnues et accueillies, ou repartent-elles aussi incognito qu'elles sont arrivées ? Et quand, toi-même, tu repères une personne que tu ne connais pas encore, ignore un instant tous ceux qui t'attendent pour te saluer, et confie cette personne à un paroissien qui prendra un moment avec elle. On ne t'en voudra pas de ne pas retenir le prénom de chacun. C'est mon gros problème. Mon humiliation permanente, même. Mais on attend de toi que ton regard se pose sur chacun, autant qu'il dépend de toi.

Tu es plus jeune, mais tu as connu Jean-Paul II, toi aussi. Et tu as été marqué comme moi par ces rencontres, à Rome ou aux JMJ. Nous sommes nombreux à pouvoir dire : « Il m'a regardé, moi ! » Et même : « Il m'a reconnu ! » Ça a duré un instant, mais un instant si intense, un regard si profond et dense, que nous nous sommes tous sentis regardés, reconnus, aimés.

Jésus avait ce regard unique sur tous ceux qu'il rencontrait. Tous en étaient profondément impressionnés. Le « jeune homme riche[1] », la femme adultère, Pierre après son reniement, Matthieu à son bureau de publicain, sa mère sur le chemin du calvaire… et tant d'autres ! D'ailleurs, « Tous avaient les yeux sur lui[2] », sans doute pour cette raison.

Ce regard clair et direct, qui transperce l'âme et qui sonde les reins et les cœurs, Jésus, d'une façon unique, l'a posé sur chacun de nous à la croix. Tous, nous pouvons dire en vérité : « Il m'a regardé, moi. » Et, en mourant, il a dit à son Père : « Père, entre tes mains, je remets ma vie. Donne-la à François ; donne-la à Benoît. » Regard de miséricorde qui nous sauve et qui donne la vie. « Qui

1. « Jésus posa son regard sur lui, et il l'aima » (Mc 10, 21).
2. Lc 4, 20.

regarde vers lui resplendira, sans ombre ni trouble au visage[1]. »

C'est ce regard de Jésus que nous voudrions poser sur chacun de ceux qu'il met sur notre route. Cela se réalise bien sûr plus particulièrement lors du sacrement de la réconciliation. Le sacrement de la vie ! Bien sûr, c'est le moment où cette miséricorde se manifeste avec le plus d'intensité. Et parce qu'on ne transmet bien que ce que l'on reçoit bien soi-même, il nous faut être de grands familiers de ce sacrement. Aimer ce moment où Jésus pose son regard sur nous et nous relève. En être bouleversé en profondeur. Au moment même où cette miséricorde me révèle à moi-même mon péché, elle me révèle l'amour infini du Père qui ne m'en aime que davantage. C'est le regard du père sur son enfant prodigue, de retour à la maison. « [Il] fut saisi de compassion[2] », dit gentiment notre traduction pour la liturgie. En réalité, il est « bouleversé dans ses tripes » ! Es-tu bouleversé dans tes tripes quand tu vois venir à toi une personne qui demande à se confesser ? Cette personne découvre-t-elle dans tes bras grands ouverts l'amour infini de Dieu, ou reçoit-elle un cinglant : « Pas le temps maintenant. Les horaires sont affichés » ?

Ce regard de tendresse et de miséricorde, les malades l'attendent aussi, sans doute plus que tous les autres ! Les malades, les vieillards, et tous ceux qui ne peuvent pas bouger de chez eux ou de l'hôpital. Je dois confesser que je n'ai pas donné toujours assez de temps pour la visite des

---

1. Ps 33, 6.
2. Lc 15, 20.

malades. Et le fait d'avoir été moi-même dans cette situation a été comme un rappel cuisant et pressant. J'ai tant apprécié les visites des prêtres qui venaient m'apporter l'Eucharistie pendant ces longues périodes d'immobilisation. Les tiennes, mais aussi celles de tous ceux qui formaient avec toi une petite équipe chaleureuse et fraternelle.

Bien sûr, nous avons dans nos paroisses des équipes de visite à domicile. Mais ça n'empêche pas que nous devrions aller faire nous-même des visites régulièrement : rien ne peut remplacer ce regard et cette présence que les malades attendent du prêtre. Une visite brève – avec les malades, il faut toujours être bref ; certains ne se rendent pas compte que les visites trop longues sont parfois exténuantes – mais une visite quand même.

Et puis, je peux te l'avouer, les plus grandes joies de mon ministère, je les ai peut-être bien connues au chevet des mourants. L'accompagnement des mourants est chaque fois une grâce qui n'a pas de prix.

SAINTE VULNÉRABILITÉ

Pour conclure cette lettre sur la miséricorde, je voudrais te parler encore de saint Jean-Paul II. Avec lui, j'ai fait une autre découverte qui a bouleversé ma vie. Qui l'a même renversée, pour ainsi dire.

Jean-Paul II, l'« athlète de Dieu » comme on l'a parfois appelé, homme infatigable, au physique d'acteur, qui rassemblait des foules comme jamais personne avant lui. Il nous paraissait invincible, lui qui faisait tomber les murs. Et puis, peu à peu, au fil des années, la maladie l'a rendu chancelant. Jusqu'à n'être plus, dans les derniers temps, qu'un grand vieillard impotent, immobile dans son fauteuil roulant. Il bavait même, sans plus pouvoir parler ou presque. Certains le critiquaient, estimant qu'il aurait dû se retirer depuis longtemps, considérant qu'il était absurde que l'on garde ainsi un pape si diminué et que l'image de l'Église en serait fortement dégradée. D'autres – nous étions de ceux-là ! – admiraient au contraire son courage, qui touchait à l'héroïsme. Il savait encore parler aux jeunes – les JMJ de l'an 2000, à Rome (c'était juste avant ton entrée au séminaire, il y a vingt ans déjà), nous ont marqués d'un souvenir indélébile ! – et ses voyages, même les derniers, continuaient à porter une fécondité étonnante. Nous sentions qu'il se passait quelque chose d'extraordinaire. Pour tout dire, de prophétique.

Et puis est venue la fin. Son agonie nous a tellement marqués. Et son enterrement place Saint-Pierre ! C'est deux ou trois ans plus tard seulement que j'ai compris quelque chose qui a tout changé pour moi : le don de la vulnérabilité.

Jean-Paul II avait proclamé une année de l'Eucharistie entre octobre 2004 et octobre 2005. Il est mort en avril 2005, en plein milieu de cette année. Le mois d'avril précédent, il avait donné sa dernière encyclique, *Ecclesia de Eucharistia* (« L'Église [vit] de l'Eucharistie »), dans laquelle il nous exhortait, entre autres, à devenir des hommes et des femmes eucharistiques. Et moi, je me demandais toujours ce que voulait dire « devenir homme eucharistique ». Et puis ça m'est apparu peu à peu. Je me suis souvenu que Jean-Paul II avait voulu rester visible jusqu'au bout, alors que certains voulaient le cacher. Il a voulu non pas se montrer, mais rester visible. Il s'est laissé exposer, en quelque sorte. En repensant à cet homme offert, j'ai compris que Dieu l'avait petit à petit identifié à l'amour exposé, comme l'Eucharistie exposée. Le comble de la vulnérabilité. Le Christ crucifié est offert au monde. Éternellement exposé pour l'amour de son Père et pour notre salut. Présent dans cette offrande et ce sacrifice, jusqu'à la fin du monde, par l'Eucharistie célébrée et offerte à l'adoration des croyants, comme à l'indifférence, voire aux insultes, de ceux qui ne voient dans cette vulnérabilité qu'absurdité.

Comme l'Eucharistie, le malade infirme n'a plus aucune défense. Il est absolument vulnérable. Totalement abandonné et dépendant de ceux à qui il prend le risque de s'exposer.

Je crois que c'est cela, finalement, devenir vraiment homme de miséricorde. C'est accepter de devenir vulnérable, d'être lentement identifié à l'amour exposé. Je pose très souvent cette question, aussi bien aux prêtres qu'aux gens mariés, et finalement à tous les baptisés : « Êtes-vous du côté de l'amour qui s'impose, ou de l'amour qui s'expose ? » Attention, si tu choisis l'amour exposé, tu y perdras des plumes… mais tu y gagneras la vie !

Pardonne-moi cette longue lettre. Je me suis laissé emporter par le sujet… En tout cas, tu sais ma grande et fidèle affection. Que le Seigneur te bénisse et te garde.

À toujours.
PF+

3

Le prêtre, homme masculin, célibataire

Mon cher Benoît,

Ce n'est certes pas un scoop pour toi, mais ce peut l'être pour certains aujourd'hui : le prêtre est un homme ! Cela paraît un peu idiot de le dire, et pourtant, le dire, c'est dire beaucoup ! Dire que le prêtre est un homme, c'est dire qu'il a les mêmes forces et les mêmes fragilités que toute personne humaine.

Je me rappelle un moment qui m'a beaucoup frappé. C'était le 11 juin 2010, pour la conclusion de l'Année sacerdotale proclamée par Benoît XVI à l'occasion du 150e anniversaire de la mort du Curé d'Ars. Nous étions quelques prêtres parisiens au milieu de milliers de prêtres venus du monde entier pour concélébrer avec le pape la solennité du Sacré-Cœur de Jésus, sur la place Saint-Pierre. Arrivé très en avance, je regardais les prêtres qui arrivaient par vagues. Et j'ai pris là conscience comme jamais du point auquel le prêtre est un homme ordinaire. Il y avait vraiment de tout : des petits et des grands, des jeunes et des vieux, des gros et des maigres, des bien sapés et des négligés, des très recueillis et des très mondains, des qui riaient fort et des qui chuchotaient, des intellos et des manuels... Bref, des hommes « comme tout le monde » ! Et pourtant, je me disais que, tous, nous avions été choisis par Dieu d'entre les hommes pour être donnés au monde comme prêtres.

Benoît XVI disait cela beaucoup mieux que moi dans son homélie :

> Dieu se sert d'un pauvre homme pour être, à travers lui, présent pour les hommes et agir en leur faveur. Cette audace de Dieu qui se confie à des êtres humains et qui, tout en connaissant nos faiblesses, considère les hommes capables d'agir et d'être présents à sa place – cette audace de Dieu est la réalité vraiment grande qui se cache dans le mot « sacerdoce ».

MÛRIR

Le prêtre, homme « comme tout le monde », doit acquérir comme tout le monde une certaine maturité, humaine et affective, c'est-à-dire un équilibre dont il aura d'autant plus besoin qu'il sera confronté à des situations difficiles. Et, j'en suis convaincu, cette maturité et cet équilibre doivent être acquis avant de s'engager dans le sacerdoce.

Je sais que tu ne m'en veux pas aujourd'hui d'avoir insisté pour que tu termines tes études avant d'entrer au séminaire. Et même que tu puisses avoir un minimum d'expérience de la vie professionnelle. Pourtant, Dieu sait que tu brûlais du désir de répondre à l'appel. Parce que tu avais entrepris des études longues, j'avais fini par accepter l'idée que, peut-être, tu ne les achèverais finalement pas. Nous étions convenus de considérer comme la réponse de Dieu celle que te ferait le supérieur du séminaire auquel tu t'adressais. Et c'est lui qui t'a demandé de terminer tes études… Toi-même me l'as confirmé plus d'une fois : non seulement tu ne regrettes rien, mais ces années ont été pour toi une formation déterminante pour la suite !

Je pourrais en dire autant pour moi. Je te l'ai déjà raconté : Dieu sait que j'ai pleuré toutes les larmes de mon corps parce que je ne comprenais pas pourquoi le Seigneur me faisait attendre si longtemps avant de me dire où il voulait me mener. Ma vie me passionnait, mais je brûlais de ce désir intérieur de répondre à son appel, qui se faisait plus intense à mesure que le temps passait. J'avais depuis longtemps promis au Seigneur de ne décider de moi-même ni du moment ni du lieu. Et quand je m'en plaignais en pleurant à mon père spirituel, il me répondait invariablement : « 30 ans, François ! Jésus est resté 30 ans à Nazareth, alors qu'il n'avait même pas besoin de mûrir, lui ! » Combien tout cela me sert aujourd'hui ! Pour être le prêtre que je suis, mais aussi pour pouvoir mieux aider les plus jeunes.

Certains pensent qu'il faudrait accueillir au séminaire ou en noviciat des hommes très jeunes – parce qu'ils sont plus fragiles qu'autrefois et doivent être davantage protégés ; parce qu'il faudrait les préserver d'expériences qui pourraient leur être nuisibles si on les faisait attendre trop longtemps ; parce que l'on risquerait aussi de laisser se perdre des vocations dans ce monde difficile.

Pour ma part, je pense au contraire que plus les jeunes sont fragiles, plus il faut les laisser mûrir. Il faut les accompagner, certes, mais surtout les aider à grandir dans un monde qui ne doit pas leur faire peur. Il faut apprendre à l'aimer, ce monde. En connaître les dangers et les ressources. Apprendre à y vivre libre. Car le séminaire n'est pas un refuge. Je vais même un peu plus loin : je suis convaincu que l'on ne mûrit pas vraiment au séminaire. Intellectuellement, oui. Affectivement aussi, dans une certaine mesure. Mais certainement pas dans un domaine particulier, pourtant absolument déterminant, celui de la connaissance de sa sexualité d'homme. J'y reviendrai tout à l'heure.

Oui, c'est vrai, je sais bien, il y a des exceptions. Des jeunes hommes exceptionnellement mûrs très tôt. Pas sûr qu'ils soient plus solides pour autant. Mais, quoi qu'il en soit, une exception est rare, sinon elle n'est plus une exception…

Je me rappelle – pardonne-moi de parler encore de moi, mais je suis tellement convaincu que le Seigneur m'a donné cette expérience pour pouvoir mieux envisager tout cela aujourd'hui – mes années de prépa, puis d'École navale. Années passionnantes où nous mûrissions notre vie d'homme, entre hommes, puisque ces écoles ne connaissaient pas encore la mixité. Combien d'amitiés extraordinaires se sont forgées là-bas pour toujours ! Bien sûr, nous avions aussi des amies. Et certaines de ces amies sont restées des étoiles dans mon ciel. Avec elles, nous avons appris à danser. Nous avons appris et expérimenté cette extraordinaire – et fondamentale – harmonie du masculin et du féminin. Ces amies m'ont appris à être homme. Elles m'ont appris la virilité.

Et quelle surprise pour nous de découvrir un monde si vaste, quand nous en avons fait le tour avec la *Jeanne*[1] ! Le monde était tellement plus grand que nous ne le pensions ! Je pense que cette maturité affective et humaine acquise là n'était pas du temps perdu. Et j'en rends grâce aujourd'hui de tout mon cœur !

Encore une fois, je ne dis pas que tout le monde doive suivre le même chemin. Il y a même autant de chemins que de personnes. Je connais de très bons prêtres qui sont entrés très jeunes au séminaire. Mais j'ai vu aussi tellement de casse ! Combien de fois – et d'autres pourront te le dire – j'ai aidé des jeunes hommes à patienter. Certains ont découvert que leur chemin les conduirait finalement ailleurs que dans le sacerdoce ; d'autres sont entrés ici ou là pour se donner au Seigneur, mais très souvent ailleurs que ce qu'ils avaient d'abord prévu. Ce qui est la preuve que leur vocation avait mûri… et eux avec.

MASCULIN ET FÉMININ EN HARMONIE

Dans une prochaine lettre, je reviendrai sur la question de la liberté, si importante en matière de vocation. Mais laisse-moi revenir d'abord à cette question de l'harmonie du masculin et du féminin. Parce que si le prêtre est un homme « comme tout le monde », c'est un homme qui est appelé à être homme masculin, célibataire. Et ceci ouvre de très larges perspectives !

---

1. La *Jeanne-d'Arc* était le porte-hélicoptères sur lequel les officiers élèves faisaient le tour du monde en école d'application. Si ce navire école n'existe plus aujourd'hui, les élèves qui sortent de « la Baille » font toujours, sur d'autres bateaux, cette grande campagne que l'on appelle toujours « la Jeanne ».

> Dieu dit : « Faisons l'homme à notre image, selon notre ressemblance. » [...]
> Dieu créa l'homme à son image, à l'image de Dieu il *le* créa, il *les* créa homme et femme[1].

L'image de Dieu, c'est « l'union des deux », comme disait toujours saint Jean-Paul II. Ce qui veut dire que l'homme seul n'est pas encore à l'image de Dieu, pas plus que la femme seule. C'est l'homme et la femme, dans le don réciproque d'eux-mêmes, qui sont ensemble image de Dieu. C'est pourquoi on n'est véritablement une personne humaine que dans le « don réciproque de soi » – le « don désintéressé de soi-même », comme l'enseigne encore Jean-Paul II. Et, selon la volonté du Créateur, ce don se réalise naturellement dans le mariage. La certitude de la signification conjugale du corps s'accomplit naturellement dans celui-ci. Quand l'époux a donné la joie à son épouse, il en éprouve une juste fierté, une joie véritable qui vient de la qualité de ce don.

Or, le célibat sacerdotal implique un renoncement à cette joie. Mais s'il renonce à cette joie du don des corps, il ne renonce pas pour autant à la valeur propre de la sexualité masculine. Car la sexualité ne s'accomplit pas seulement dans les actes sexuels conjugaux. Sinon, le Christ lui-même ne serait pas vraiment homme. Et Marie ne serait pas vraiment femme. La vie sacerdotale implique que la sexualité s'accomplisse au-delà des valeurs humaines légitimes.

---

1. Gn 1, 26-27.

Pour le prêtre, l'accomplissement naturel de la sexualité doit être sacrifié. Mais pas les fondements de celle-ci. Sinon, le célibat serait une mutilation ! Certes, la sexualité est amputée d'une partie d'elle-même : c'est ce que signifie « eunuque pour le Royaume ». Mais le célibat sacerdotal ne fait pas des prêtres des hommes asexués ! Des eunuques pour le Royaume, oui, mais pas des hommes amputés ou « inachevés » ! Jésus a dit :

> Il y a des gens qui ne se marient pas car, de naissance, ils en sont incapables ; il y en a qui ne peuvent pas se marier car ils ont été mutilés par les hommes ; il y en a qui ont choisi de ne pas se marier à cause du royaume des Cieux. Celui qui peut comprendre, qu'il comprenne[1] !

Comment cela se traduit concrètement dans la vie du prêtre, ce sera le sujet de mes deux ou trois prochaines lettres. Pour être pleinement homme, le prêtre doit trouver sa joie, sa fierté et son accomplissement dans sa masculinité, à l'image du Christ, véritable époux, visage du Père et bon pasteur.

Mais ce que je veux dire ici, c'est qu'avant de répondre à l'appel et de s'engager dans le célibat pour toujours, le jeune homme doit avoir éprouvé ce que j'appelle l'harmonie du masculin et du féminin. Bien sûr, je ne dis pas qu'il faille avoir « tout expérimenté » pour « savoir ». Mais il faut avoir éprouvé les sentiments, et avoir appris à les

1. Mt 19, 12.

maîtriser, à les dépasser. À les offrir. Et ce n'est pas au séminaire qu'on l'apprend.

Tu me l'as souvent entendu dire en souriant. La première question que je poserais à un garçon qui me parlerait de son désir d'entrer au séminaire, c'est : « Est-ce que tu sais danser la valse ? » En apprenant à danser, il aura compris quelque chose de fondamental concernant la mission et la vocation de l'homme et de la femme. Il aura découvert que si l'homme doit conduire et mener, c'est bien la femme qui garde le rythme. Pourquoi la valse, et pas le rock ou le tango ? Parce que je crois que la valse est un lieu privilégié pour apprendre cette harmonie particulière du masculin et du féminin. Avec un mouvement, une élégance sans équivalents. Je sais, on ne la danse plus guère dans les soirées. Je trouve que c'est dommage, et je rêve de créer des lieux où l'on pourrait encore l'enseigner. Mon expérience à l'Eau Vive[1] m'a montré combien les jeunes gens et les jeunes filles d'aujourd'hui pouvaient encore être sensibles à sa beauté, quand on prend le temps d'enseigner correctement cette danse, en leur en montrant tout l'intérêt.

C'est parce que tu as toi-même éprouvé la joie profonde de cette harmonie, parce que le charme du sourire et du regard de certaines jeunes filles t'a fait vibrer – mais que tu

1. L'Eau Vive est une communauté familiale d'éducation chrétienne fondée dans les années 1970 dans la mouvance des Foyers de Charité. Dans les camps qu'elle organise à Briançon pour des jeunes de 7 à 18 ans, on s'attache en particulier à l'apprentissage de l'amitié et de cette harmonie voulue par Dieu entre le masculin et le féminin. Pour les jeunes à partir de 15 ans, cette expérience passe par la danse, considérée non pas seulement sous l'angle de l'amusement, mais sous cet aspect éducatif : garçons et filles ont beaucoup à recevoir les uns des autres. À condition d'être guidés, encouragés, enthousiasmés.

as décidé de les offrir pour répondre à un appel qui se faisait en toi peu à peu irrésistible – que tu pleurais en entrant dans la cathédrale le jour de ton ordination. Tu comprenais en profondeur ce que je voulais dire : « Regarde ton épouse, comme elle est belle ! »

DIFFICULTÉS ET CRISES

Tu as sans doute déjà rencontré comme moi des confrères qui n'ont pas reçu tout cela avant de répondre à l'appel et qui connaissent de graves difficultés. Souvent, ils sont entrés très jeunes au séminaire avant d'avoir pu, comme je le suggérais tout à l'heure, expérimenter l'harmonie du masculin et du féminin. Avant d'avoir pu réellement mûrir et équilibrer leur personnalité. Les premières années, dans la fougue, et peut-être même un peu dans l'euphorie des commencements, se sont passées merveilleusement. Ils ont fait un très beau travail, ils ont été appréciés là où ils sont passés. Ils ont soulevé beaucoup d'enthousiasme, surtout chez les jeunes, et ont eu parfois un très grand rayonnement autour d'eux. Et puis sont venues les années plus difficiles. Un peu – ou beaucoup – de fatigue. Un ou deux coups de cœur, ici ou là (parfois, c'étaient les premiers, et ils ne s'y attendaient pas). Certains se sont un peu froissé une aile ou deux ; peut-être même ont-ils fait un tonneau jusque dans le fossé. Ils ont pris conscience – à chacun son chemin ! – de leur fragilité, des manques dans la construction de leur personnalité ou dans celle de leur maturité affective et sexuelle. Bref, tu sais de quoi je parle…

Il arrive que cette prise de conscience, et cette impression de fragilité qui en découle, se révèle bien avant la fameuse crise de la quarantaine, justement après seulement quelques années pourtant enthousiasmantes… Parfois, on a pensé que l'ordination allait tout résoudre. Mais il a suffi de peu de temps pour comprendre que ce n'était pas le cas ! C'est dur de voir des confrères quitter le ministère très tôt : ça fragilise les certitudes ! Récemment, un prêtre de ton âge me disait que, sur sa promotion de douze au séminaire, un tiers avait déjà quitté le sacerdoce. Et, dans la promo d'au-dessus, la moitié ! Comment ne pas s'interroger, d'ailleurs, sur leur formation et sur le discernement qui a été effectué ? Ou, précisément, sur le manque de discernement ! Combien de jeunes hommes ainsi blessés profondément ? Et quel scandale aussi pour le peuple de Dieu, qui ne comprend pas et qui reste interdit devant ces défaillances !

Je repense au confrère dont tu me parlais l'autre jour. Entré très jeune au séminaire, prêtre enthousiaste et entreprenant, ayant connu beaucoup de succès, il se trouve tout à coup en grande crise, profondément déstabilisé par la relation qu'il a laissée se nouer avec une jeune femme de sa paroisse. Il n'a rien vu venir ! Si j'étais son évêque, je me demande si je ne l'enverrais pas en mission pendant une année à l'autre bout du monde. À condition qu'il puisse trouver là-bas un Ancien solide qui pourra le rassurer et le remettre sur pied. Mon Dieu, j'écris cela, mais je sais combien c'est difficile de prendre les bonnes décisions et d'aider les personnes en difficulté !

Je te le disais en commençant cette lettre : le prêtre est un homme « comme tout le monde ». Et parce que nous sommes « comme tout le monde », nous avons aussi les faiblesses, les fragilités, les blessures de tout un chacun. Mais, en te parlant de la vulnérabilité, je t'ai dit aussi combien je la considère comme essentielle pour devenir homme de miséricorde. J'aimerais trouver des mots rassurants et consolants pour ceux qui peinent. En réalité, même avec une grande expérience et une belle maturité humaine avant d'entrer au séminaire, tout le monde ou presque se trouve confronté un jour ou l'autre à ce genre de questions existentielles qui secouent profondément[1]. Un certain doute, soudain, sur des choses que l'on croyait très solidement établies ; des questions que l'on ne soupçonnait pas sur le sens de sa vie et sur les œuvres que l'on a réalisées, ou sur la façon de faire ceci ou cela ; et, surtout, un violent sentiment de fragilité et de vulnérabilité, alors que l'on était jusque-là assez sûr de soi[2].

1. Il faut noter toutefois que, de même que certains ont traversé l'adolescence avec une facilité (apparemment) étonnante, il semble que cette crise épargne plus ou moins certaines personnes.

2. Le démon profite souvent de ce moment pour s'engouffrer dans la faille. Le manque de consolation provoque facilement une recherche de compensation. Dans la compensation, il n'y a pas de rencontre, on consomme (quelque chose ou quelqu'un !) et on s'isole toujours plus. Ce cercle vicieux est sans pitié. Il détruit tant de personnes actuellement ! Mais il dope le commerce... Parmi ces addictions, la pornographie touche tous les âges, tous les sexes, tous les états de vie : c'est une pandémie terrible et muette. Et l'écran, souvent, rajoute à l'isolement. Il donne une sécurité illusoire et un sentiment de puissance qui se manifeste dans la violence des propos et des comportements. Chacun se croit en lien avec beaucoup de monde, mais, au fond, on reste isolé et dans l'angoisse, car on sait que l'on peut devenir très vite la victime de la prochaine lapidation publique. Comment apporter un peu de consolation à toutes ces personnes isolées ?

Je me rappelle cette expression de ma mère qui me disait un jour – ça m'avait beaucoup frappé : « Tu sais, François, il y a un jour dans la vie où il faut accepter d'aimer à fonds perdu. » L'amour à fonds perdu ! Les couples aussi font cette expérience. Jusque-là, on était plutôt gratifié quand on faisait quelque chose. On le faisait par amour, mais c'était un amour qui « payait » quand même, en quelque sorte, d'une façon ou d'une autre. Mais là, plus rien. En réalité on comptait sur ses propres forces, et puis voilà l'épreuve de la vulnérabilité, inconnue jusqu'alors. Il fallait expérimenter cette gratuité totale, cette mort à soi-même en quelque sorte. Pierre a fait avant nous cette expérience bouleversante : il voulait suivre Jésus, il était prêt à mourir pour lui… et il se prend les pieds dans le tapis de sa fragilité. Il ignorait qu'elle était si grande ! Qui n'a pas expérimenté ces larmes amères…

Certes, tout cela est nettement plus facile quand on a acquis des fondations solides avant le séminaire. Et si j'insiste tant sur cette question de la maturité et de l'épanouissement équilibré de la virilité, c'est parce que c'est précisément dans ces moments de fragilité et d'ébranlement que l'on peut tout d'un coup être tenté de remettre en question la décision du célibat, ou la vocation elle-même. Je ne parle pas nécessairement de fautes contre la chasteté, mais plutôt d'un déséquilibre profond qui peut mener à une remise en cause de décisions mal ancrées. L'essentiel est d'être très conscient de sa propre fragilité, et d'apprendre à l'équilibrer avec l'aide attentive et bienveillante de personnes compétentes.

Oh non ! le sacerdoce ne met pas à l'abri de la crise de la quarantaine, tu le sais bien désormais ! Mais encore une fois, de même que, la plupart du temps, la crise d'adolescence (même violente) ouvre les portes d'une belle et forte jeunesse, de même la crise du milieu de vie est souvent promesse d'une étape nouvelle, avec des fruits insoupçonnés !

Aux uns comme aux autres, deux recommandations fortes. D'abord, ne pas mettre la tête dans le sable et accepter la crise comme elle se présente. On en sortira plus fort, parce qu'on aura expérimenté une fragilité nouvelle. Et, avec saint Paul, nous pourrons nous écrier : « Je mettrai plutôt ma fierté dans mes faiblesses, afin que la puissance du Christ fasse en moi sa demeure[1]. » L'exercice du ministère, en même temps qu'un bon accompagnement, peut aider à ajuster peu à peu, à équilibrer, à réordonner ce qui en avait besoin. Il se peut aussi que l'on ait besoin d'un accompagnement psycho-affectif pendant un certain temps. Pour sortir d'une ornière plus profonde ou d'un vrai problème de fond qui se révèle.

Et puis, surtout, ne pas rester seul. La solitude est bonne quand elle est recherche de Dieu et soif d'intériorité. Mais n'est pas ermite qui veut, et l'isolement est toujours très dangereux. C'est dans ces moments-là, peut-être encore plus qu'à d'autres, que l'on a besoin d'un vrai père. Ma mère du Carmel (je t'en reparlerai, de cette mère !) m'a répété cela pendant des années, bien avant que je ne sois

1. 2 Co 12, 9.

prêtre : « François, l'essentiel, pendant au moins les dix premières années de votre sacerdoce, c'est d'avoir un ancien, un père, à qui vous pouvez tout dire et tout confier. Un homme qui sache tout entendre. Un homme de consolation et de tendresse. » Aie toujours un lieu, ici ou ailleurs, pour pouvoir vider ton sac. Et même pleurer en paix si ça doit déborder…

Tu m'as souvent confié telle ou telle fragilité. Telle faiblesse qui te fait souffrir. Cette blessure secrète qui t'a marqué au fer rouge et que tu as appris peu à peu à assumer, avec la grâce de Dieu. C'est vrai, je l'ai expérimenté plus d'une fois, et toi aussi : le fait que nous soyons célibataires peut faire que certaines de ces fragilités deviennent plus graves. Parce que nous n'avons pas de vie conjugale pour les équilibrer. Il ne s'agit d'ailleurs pas toujours de fragilités ou de blessures affectives, mais de peines secrètes qui rongent sournoisement le cœur et qui peuvent devenir de véritables abcès. De questions existentielles qui explosent soudainement, au moment où on s'y attend le moins. Il est si bon de pouvoir compter sur un ou deux confidents très solides. Mais je te l'ai dit souvent : compte tes confidents et résiste à la tentation de les multiplier. Les amitiés, sacerdotales ou non, ne font pas tout, et ne doivent pas faire tout.

De plus en plus, ta génération cherche à vivre en équipes ou en petites communautés, et c'est sûrement une bonne chose : on aurait sans doute évité bien des embûches et bien des chutes si on avait eu des frères au jour le jour. On aurait eu un soutien amical et concret, on aurait pu être averti et on aurait peut-être échappé à cet enfermement fatal.

FATIGUE ET REPOS

Il y a enfin la question de la fatigue et du repos. Question qui concerne tout le monde, là encore, mais qui prend souvent pour nous une forme particulière, du fait même de notre vie particulière. Comment savoir quand je dois me reposer ? Pas si facile, contrairement à ce qu'on pourrait croire ! Tu vas me dire que tu te reposes quand tu es fatigué. Bien. Mais, si c'est ça, tu vas te reposer tout le temps. Parce que tu seras toujours fatigué ! Et si tu ne l'es pas, c'est que tu ne fais pas ton boulot. Saint Jean-Paul II le disait un jour à un prêtre qui s'inquiétait de sa fatigue : « Si le pape n'est pas fatigué, c'est qu'il ne fait pas son métier de pape ! »

Je ris, mais c'est sérieux. Mis à part les fatigues dues à la maladie, qui exigent un régime spécial de convalescence et de repos, la fatigue est un état normal. Parce que tu es habité comme moi par le désir de donner le maximum, tu ne comptes pas les heures, ni ta fatigue. Et comme disait ma vieille concierge, tellement pleine de sagesse : « C'est vrai que c'est con de mourir en bonne santé !… » Je rentre de vacances en pleine forme, et je suis fatigué dès la première semaine ! Je ne peux donc pas prendre la fatigue comme critère de repos.

Alors quoi ? Car il faut bien se reposer quand même ! J'ai trouvé deux critères que je m'applique depuis des années : la joie et la paix intérieure. Si je perds l'une ou l'autre, si je commence à râler pour un rien, que j'ai envie d'envoyer promener le premier qui me contredit, que je ressens du trouble et que je me prends à marmonner sans cesse, alors c'est le signe infaillible que j'ai besoin de repos. Avec le temps, on apprend à mieux se connaître et on part se reposer sans attendre de voir apparaître les symptômes. C'est plus prudent pour le sacristain ou la dame caté…

À propos de repos, il y a repos et repos. Le repos courant, la détente, n'est pas le repos des vacances. À chacun de trouver son rythme. À chacun son style, sa manière et ses lieux. Certains, par exemple, se reposent à fond en famille, d'autres n'y trouvent que fatigue et tension supplémentaires.

Permets-moi de te redire ici seulement deux choses.

D'abord, évite autant que tu le peux les fatigues inutiles. Évite par exemple toutes les mondanités, les réunions inutiles et autres formes de perte de temps. Je n'oserai pas dire que je ne perds jamais du temps ! Mais j'ai tout de même appris que, sous prétexte de besoin de repos, on fuit facilement dans des dérivatifs qui sont en fin de compte des sources de fatigues supplémentaires. Et pas seulement des fatigues pour le corps : les fatigues de l'esprit, du cœur, sont parfois pires ! Et que dire des fatigues de l'âme ! Tous ces dîners en ville, aussi vains qu'inutiles ; ces fausses récréations, où l'on traîne sur Internet ou ailleurs ; ces lectures qui n'apprennent rien et qui ne détendent même pas vraiment. Bref, nous connaissons chacun ces lieux dangereux qui fragilisent sous prétexte de reposer. Et nous apprenons peu à peu nos vrais lieux de détente.

Et en ce qui concerne les vacances, j'ai acquis cette certitude : on ne se repose véritablement qu'en restant au minimum quinze jours au même endroit. Une semaine pour se poser, et une pour se reposer… Il y a tant de vacances qui ne reposent pas parce qu'on veut en faire trop, en profiter pour aller voir des tas d'amis, visiter ci ou ça. Tu sais combien de fois j'ai dû insister pour que tu adoptes cette règle, mais tu en as maintenant fait suffisamment l'expérience pour en devenir le fervent défenseur !

Dans ma prochaine lettre, il faudra que je te reparle de la façon d'équilibrer la sexualité dans le célibat sacerdotal. En attendant, j'aime à te redire ma grande et fidèle amitié. Que Dieu te garde et te bénisse.

À toujours.
PF+

4

Le prêtre, époux

Mon cher Benoît,

Dans ma dernière lettre, je te parlais de l'harmonie du masculin et du féminin, et j'évoquais la nécessité pour le prêtre de trouver sa joie, sa fierté et son accomplissement dans sa masculinité. Et j'ajoutais que cela devait se faire à l'image du Christ, véritable époux, visage du Père et bon pasteur. Mais je vais essayer d'être à présent un peu plus concret, après avoir tout de même posé quelques considérations générales sur l'homme en tant qu'homme.

Ce qui caractérise l'homme en tant qu'homme (« l'homme masculin »), c'est qu'il est principe. Principe de deux manières : d'abord, il est principe de don et d'union : c'est l'homme époux. Et puis, il est principe de fécondité : c'est l'homme père.

Comment vivre cela dans le célibat sacerdotal ?

Je voudrais te parler aujourd'hui de la première de ces deux dimensions : le prêtre époux. Et de la vertu principale qui lui est associée : la chasteté sacerdotale.

DONNÉ À L'ÉGLISE

Dire que l'homme est principe ne veut pas dire qu'il doive être dominateur. Encore moins patron. Le « prêtre boss », quelle horreur !

Dire qu'il est principe ne veut pas dire non plus qu'il est supérieur. Il ne s'agit pas d'obéissance, ni d'inégalité. Quand on classe des personnes par ordre alphabétique, le premier n'est pas forcément le meilleur… De même pour un ordre chronologique, un ordre de taille, etc. Cette réalité vaut aussi, par exemple, « au-dedans » de la sainte Trinité. Il n'y a pas d'inégalité dans les personnes divines : « Le Père et moi, nous sommes UN[1]. » Et pourtant, « le Père est plus grand que moi[2] », dit Jésus, parce que c'est le Père qui est principe.

Dire que l'homme est principe de don et d'union, c'est dire qu'il est à l'initiative dans cet ordre-là. L'homme est celui qui se livre, qui se donne radicalement. Il fait l'offrande totale de sa vie pour l'être qu'il aime. Et c'est en se donnant qu'il manifeste sa masculinité : non pas pour la gloire, mais pour l'initiative du don.

Dans la vie conjugale, il s'agit du don et de l'union à l'épouse ; dans la vie sacerdotale, c'est à l'Église que se donne le prêtre et qu'il s'unit à elle, comme à une épouse.

Si la masculinité est l'initiative du don, la féminité en est la révélatrice. Comme le Verbe est la splendeur du Père, comme le Christ révèle et manifeste la splendeur infinie de l'amour du Père, l'Église manifeste et reflète le don de l'Époux, le don du Christ. Le Christ se donne tout entier, « jusqu'au bout[3] », à l'Église tout entière présente en Marie au pied de la croix. L'Église-épouse répond par sa foi au

1. Jn 10, 30.
2. Jn 14, 28.
3. Jn 13, 1.

don de la Vie ; elle manifeste, par sa beauté, la grandeur ineffable de ce don. « Ce mystère est grand, s'exclame saint Paul. Je le dis en référence au Christ et à l'Église[1]. » Mais saint Paul dit cela précisément pour parler de l'analogie avec la vie conjugale. Comme le Verbe « dit » le Père, comme l'Église-épouse « dit » le Christ-Époux, l'épouse « dit » l'époux. La féminité « dit » la masculinité.

Tu sais cela par cœur, bien sûr, mais c'est quand même ici le moment d'en parler. La question revient souvent et partout : pourquoi pas des femmes prêtres ? Si on regarde le sacerdoce en termes de pouvoir, alors on est bloqué : en effet, pourquoi pas les femmes ? Il n'y a aucune raison de le réserver aux hommes. Mais si on comprend le sacerdoce comme un service, une puissance de don, une initiative du don, alors on comprend que c'est justement la mission et la vocation de l'homme. De l'homme masculin. C'est pourquoi le Christ est un homme. Et Marie, « la » femme, représente toute l'Église au Calvaire.

Le prêtre se donne à l'Église comme époux, et non pas seulement comme victime, c'est-à-dire pas seulement dans le dévouement ou dans l'activité apostolique. Autrement dit, le prêtre n'est pas donné parce qu'il a un agenda bien rempli ! Il se donne comme époux, ce qui veut dire qu'il aime l'Église de façon première. Il n'exerce pas un pouvoir : il est serviteur par le don. Pour que l'Église soit Verbe. Splendeur et beauté de l'amour.

1. Ep 5, 32.

AMOUREUX DE L'ÉGLISE

Ce que je veux te dire, c'est que pour épanouir ta masculinité, pour être pleinement homme en étant prêtre, tu dois aimer l'Église d'un amour plus fort que celui d'un mari pour son épouse. Un amour passionné. Je te suggère de relire souvent ces passages si émouvants où Dieu s'identifie avec l'époux, et parle de son peuple comme son épouse. Je pourrais en citer pas mal, mais celui-ci m'émeut toujours beaucoup :

> Comme un jeune homme épouse une vierge,
> ton Bâtisseur t'épousera.
> Comme la jeune mariée fait la joie de son mari,
> Tu seras la joie de ton Dieu[1].

Plus tard, je te reparlerai de l'Église en tant qu'elle est ma mère. Aujourd'hui, je voudrais la regarder comme l'Épouse. Mon épouse !

Je l'aime. Elle est ma bien-aimée. Même quand elle est fragile, même quand elle est humiliée – encore plus quand elle est humiliée ! – j'aime lui dire :

> Que tu es belle mon amie ! [...]
> Qu'elles sont belles, tes amours, ma sœur fiancée[2] !

C'est la première responsabilité du prêtre : aimer l'Église, et le lui dire ! C'est à moi de la rendre belle ! Faire un avec elle. Je ne la critique pas, je l'aime ! Ce qui ne

1. Is 62, 5.
2. Ct 4, 1.10.

m'empêche en rien d'avoir un regard lucide et un vrai discernement.

Qu'il est impressionnant, insondable, ce dialogue silencieux du Christ avec sa mère au Calvaire ! C'est là qu'est la source de la conversion du Bon Larron, ainsi que celle du Centurion. Et de tant d'autres plus tard, dans l'histoire de l'Église.

Être initiative du don, c'est féconder l'Église par une parole de vérité. C'est entrer dans une intelligence contemplative de la vérité de la foi. Concrètement, cela veut dire éviter de rester dans le sensible et dans l'affectif. La vérité contemplée dans l'intelligence calme l'imagination, toujours prête à remuer et à s'émouvoir de façon anarchique. C'est pour elle source de chasteté. Et c'est un cercle vertueux : plus je m'enfonce dans une véritable contemplation, dans laquelle l'intelligence est mobilisée, plus l'imagination est domptée. Et plus elle est domptée dans cette chasteté, plus la contemplation devient facile. Tu en fais sûrement comme moi l'expérience !

Féconder l'Église par une parole de vérité, c'est lui donner par exemple des homélies qui soient belles, bonnes, préparées avec soin. Mais je te redirai un mot des homélies quand je te parlerai du prêtre comme pasteur.

Féconder l'Église encore par la beauté de la liturgie, j'y reviendrai plus tard aussi. C'est si important, la beauté, la vérité de la liturgie.

Cela étant, il faut aussi, à l'inverse, que, comme prêtres, nous nous laissions parfois féconder par l'Église elle-même. Nous laisser féconder par la prière de l'Église, que nous guidons souvent mais qui nous guide aussi. Je me souviens d'avoir été bouleversé – ça m'a profondément marqué – par la prière que faisait une jeune femme lors d'une réunion de prêtres. Nous étions très nombreux ce jour-là – c'était à l'occasion d'une journée des prêtres lors d'une des premières éditions du Congrès mission. À la fin de la journée, on nous dit que nous allons prier. Et c'est cette jeune femme qui se met à prier tout haut. Je te l'avoue humblement, ma toute première réaction a été de me dire qu'elle était plutôt gonflée !… Mais, très vite, je me suis laissé emporter par cette prière. Ému aux larmes, j'ai vraiment expérimenté là ce que veut dire « se laisser féconder par la prière de l'Église ».

Se laisser féconder aussi par la vie sacramentelle. Les sacrements ne sont pas seulement pour les fidèles… Ils sont aussi pour nous, prêtres ! Comment vivons-nous de l'Eucharistie et du sacrement de la réconciliation, pour ne parler que des deux les plus courants ? Mais aussi, parfois, le sacrement des malades. Je l'ai expérimenté radicalement il y a peu.

Si j'insiste tant sur tout cela, j'y reviens, c'est parce qu'il est essentiel que tu sois à l'aise dans ta masculinité. Et puisque, bien sûr, nous ne pouvons pas nous épanouir dans la relation conjugale, il faut que nous trouvions ce plein épanouissement dans cette relation à l'Église. Pour être heureux comme prêtres, il faut que nous soyons heureux comme hommes. Et vice versa. Je trouve ça toujours terrible de voir des prêtres souffrir d'un déséquilibre dans ce domaine. D'un côté, certains vivent le célibat comme une frustration, et sont tentés de chercher des compensations. De l'autre, certains se raidissent dans le célibat, et risquent de devenir secs, raides, vieux garçons. Tous ceux-là souffrent et font souffrir. Or, c'est cet équilibre qui conditionne ensuite la bonté, la douceur, la tendresse, la force… Bref, toute la vie !

CHASTETÉ DU PRÊTRE ÉPOUX

Avant même de parler de chasteté sacerdotale, il est bien entendu que la vertu ordinaire de chasteté doit être acquise et équilibrée, autant que faire se peut. Il en va d'ailleurs de la chasteté comme de toutes les autres vertus : son acquisition est la base de la maturité adulte que l'on cherche à équilibrer avant d'envisager quoi que ce soit d'autre. Cela constitue même l'essentiel de l'éducation.

Pour le prêtre en tant qu'époux, la chasteté est sûrement la première de toutes les vertus. La chasteté, fille de la tempérance, modère le désir. Dans tous les domaines : dans le corps, dans l'imagination, dans le toucher… Alors que la chasteté conjugale vise à modérer les désirs naturels, la chasteté sacerdotale vise à modérer les désirs surnaturels. Sans rejeter pour autant les désirs sensibles : quand le vin est bon, il faut s'en réjouir, et louer le Créateur qui a fait des raisins pour. Mais ne nous arrêtons pas à la gloire de l'homme ! Car – il me semble que c'est très important – la chasteté est dans la glorification, et non pas dans l'abstinence : il ne faut pas confondre la chasteté et la mortification. « Cesse de ne boire que de l'eau[1] », te dirait saint

1. 1 Tm 5, 23.

Paul ! Le plaisir est toujours bon : il est, dirait Aristote, « la beauté de l'acte », son ornement. Dans le domaine de la sexualité, il est, en quelque sorte, le « premier étage ». C'est important, le plaisir : il est voulu par Dieu. Simplement, il ne faut pas s'y arrêter, car il n'est jamais la fin. Le prêtre ne doit pas refuser par principe tout plaisir, mais il ne doit pas s'y maintenir. C'est comme la sensualité par rapport à la sexualité : quand elle s'enferme sur elle-même parce qu'elle n'est pas finalisée par la sexualité, la sensualité fait tomber dans la concupiscence. C'est-à-dire dans une recherche de plaisir qui utilise la sexualité tout en la dénaturant, justement parce qu'elle n'est plus finalisée.

Quels sont les lieux de concupiscence pour le prêtre ? Tu les connais comme moi. Cela dépend de chacun, mais nous avons quand même tous un peu les mêmes. Les beaux ornements, la prédication, le chant liturgique, les beaux livres. La crosse et la mitre… Mais aussi, plus subtil peut-être, le travail, l'activisme apostolique, la domination et le pouvoir. Et, bien sûr, comme tout le monde, l'affectivité, la sensualité. Même le service de la charité peut être dénaturé quand il est recherché pour ce qu'il a de gratifiant, et non pour l'amour de la personne que l'on sert.

Encore une fois, il ne s'agit pas de refuser le plaisir ou l'agréable : l'agréable n'est pas forcément mauvais ! Sinon, on tue l'appétit, on casse un ressort intérieur, et on a des prêtres qui n'ont plus aucun désir. D'une façon générale, il ne faut jamais piétiner les sentiments. On doit apprendre à les offrir, à les dépasser. Sans d'ailleurs les sublimer, ce qui pourrait être une tentation. Il faut donc aller plus loin : les désirs doivent porter à des joies qui viennent des actes surnaturels du prêtre. Donner la communion, accompagner les mourants, préparer des jeunes au mariage, pardonner au pécheur... Bref, tous les actes du prêtre en tant que tel. Mais attention : pour être surnaturelles, les joies n'en doivent pas moins être de véritables joies humaines, très incarnées : il ne s'agit pas de faire de l'angélisme. C'est dans cette perspective que l'agréable demeure alors un moyen, un auxiliaire qui conduit au repos de la volonté dans le bien réel.

Cela me rappelle une histoire que racontait Mgr Le Saux, évêque du Mans. Deux religieuses, une jeune et une plus « ancienne », comme on dit, sont interviewées à la télé. On leur pose la question, à l'une puis à l'autre : « Ça ne vous manque pas, l'amour humain, la sexualité, tout ça ?... » La plus jeune s'engage sur une voie très belle et un peu convenue : « Jésus est mon époux, il est bon, etc. » C'est beau, mais un peu « cucul la praline ». Vient la plus ancienne, qui interroge l'animatrice : « Vous n'avez jamais connu de joie avec le Seigneur ? » L'autre : « Ben, non... – Et ça ne vous manque pas ? » Magnifique !

Je voudrais que tu en sois certain : la chasteté n'est jamais une amputation du désir – le désir doit rester véhément ! Mais quand on dit que la chasteté modère le désir, c'est que, en réalité, elle l'ajuste, comme on ajuste son tir à la cible. Pour le dire encore autrement, elle dompte, elle canalise le désir. Et en ce qui concerne la chasteté sacerdotale, elle donne au désir un autre mode que le mode naturel. Mais ce n'est possible, bien sûr, que par la vertu infuse de chasteté, puisqu'il s'agit de la vie surnaturelle. C'est Dieu qui la donne, cette vertu infuse, mais encore faut-il la recevoir et la cultiver. Je te le redis : avant même de parler de chasteté infuse, il faut que soit bien enracinée la vertu humaine de chasteté ! Et c'est vrai quel que soit l'état de vie. Pendant longtemps, j'ai cru que la chasteté n'était difficile que pour les religieux ou les consacrés. Et puis, en accompagnant beaucoup de couples, je me suis aperçu que la chasteté est réellement un combat pour tout le monde, et pas moins pour les couples que pour les autres !

PRUDENCE DU PRÊTRE

Chasteté, tempérance, prudence… Toutes les vertus sont connexes, mais ces trois-là sont particulièrement liées. Encore quelques mots là-dessus, si tu le veux bien, surtout en ce qui concerne la prudence.

Vis-à-vis des jeunes filles, d'abord. Tu es jeune encore et, forcément, tu vas faire – ou tu fais déjà – l'admiration de certaines. Pour une jeune fille qui cherche encore sa route et son équilibre affectif, c'est beau et bon d'avoir des prêtres à aimer, à admirer. Mais il faut faire attention à ce qu'elles ne s'attachent pas trop, en rêvant d'une relation parfois très affective. Sans qu'elles en aient toujours conscience elles-mêmes, d'ailleurs ! J'ose ce conseil : autant pour toi que pour elles, reste très prudent dans ce domaine. Il vaudrait mieux que l'on te trouve un peu trop distant au début et que l'on découvre ensuite qu'il s'agit en fait de discrétion plutôt que le contraire. Mon père, en qui j'avais une grande confiance, me l'avait suggéré : les dix premières années de mon sacerdoce, au moins, je n'ai jamais embrassé une jeune fille. Et autant j'ai toujours tutoyé les garçons, autant j'ai toujours vouvoyé les jeunes filles. Et je le fais encore. Même une fille que j'ai connue au catéchisme ou ailleurs, dès qu'elle a quatorze ou quinze ans, je la vouvoie systématiquement. Parfois, l'une ou l'autre me demande pourquoi je ne la tutoie pas comme les garçons. Je réponds que, justement, on ne traite pas les filles comme les garçons. Et je constate qu'elles y sont facilement sensibles si on le leur explique. Tu en feras ce que tu voudras : je sais que d'autres font autrement. Mais je suis sûr que c'est un moyen facile de lever beaucoup d'ambiguïtés.

Vis-à-vis des femmes ensuite. « L'esprit est ardent mais la chair est faible. » Il n'y a aucune raison pour que les prêtres soient moins attaqués que les autres dans le domaine des tentations en général, et dans le domaine de la sexualité en particulier. Adulé peut-être au début, tu vas te retrouver seul un jour ou l'autre. On a connu tant de prêtres qui tombent ainsi amoureux à quarante ans, et que l'on retrouve dans les bras d'une femme. Certes, les fautes contre la chair, qui sont des faiblesses la plupart du temps, sont en principe moins graves que les fautes de l'esprit (orgueil, vanité, jalousies, etc.). Mais il n'en demeure pas moins qu'elles peuvent amener à des dérives très graves, et finalement à des situations inextricables. À mesure que je prends de l'âge, je deviens plus indulgent pour ces fautes contre la chair[1]. Mais autant il n'est pas toujours mortel de

1. Je ne parle pas ici des fautes qui seraient la conséquence d'emprises perverses, qui doivent être résolument combattues : on n'est justement plus dans le domaine de la faiblesse, mais dans celui des fautes de l'esprit.

faire un tonneau en voiture – attention, il arrive que ce le soit malgré tout ! –, autant prendre l'habitude de conduire imprudemment peut mener à des catastrophes. Il faudrait parler des mesures de prudence à prendre dans le regard, le toucher, le courrier, l'usage des réseaux sociaux et de l'Internet, etc. D'une manière générale, il faudrait parler de discrétion et de mesure. On voit tant de drames conjugaux chez des jeunes couples, mais aussi chez les moins jeunes. C'est pareil pour les prêtres ! Nul n'est à l'abri. L'infidélité ne consiste pas tant à coucher avec quelqu'un – ce qui n'est évidemment pas bien ! – qu'à laisser s'installer peu à peu une relation qui n'est pas ajustée, par exemple avec une collaboratrice – il y en a beaucoup dans les paroisses – ou une bénévole ici ou là. On ne se méfie pas au départ, on ne voit pas à mal. Mais les liens et l'intimité se resserrent peu à peu, jusqu'à devenir inextricables. Il est parfois trop tard quand on en prend conscience.

Au sujet de la relation entre les prêtres et les femmes, je te suggère de lire la *Lettre aux prêtres* de Jean-Paul II, écrite à l'occasion du Jeudi saint 1995. Tu sais que Jean-Paul II avait coutume d'écrire une lettre aux prêtres chaque année ce jour-là. Celle dont je te parle précédait la Conférence internationale de l'ONU qui se tenait à Pékin au mois de septembre suivant sur le thème de la femme. Le pape esquissait une magnifique réflexion à partir de la relation que Jésus lui-même entretenait avec les femmes en général. J'aimerais citer le texte en entier, tant il est beau et passionnant, mais je n'en donnerai qu'une phrase, pour te donner envie de le lire : « Les conditions de mère et de sœur sont les deux dimensions fondamentales du rapport entre la femme et le prêtre. »

Et, tant que j'y suis, je te recommande aussi – Jean-Paul II le faisait d'ailleurs lui-même dans cette lettre – la lecture de *Mulieris dignitatem*, son exhortation apostolique du 15 août 1988 sur la dignité et la vocation de la femme. Peut-être un des plus beaux textes qu'il nous ait donnés !

TROIS CONSEILS

Pour finir, j'ose trois conseils plus précis.

Sois prudent avec l'Internet. Tant de sites sont des pièges dangereux, où l'on succombe plus vite qu'on ne le croit à des addictions diaboliques ! Apprends à repérer les moments et les zones de tentation, et mets en place de vraies mesures de protection. Par exemple, peut-être couper la connexion à partir d'une certaine heure le soir. Je sais que des monastères ont mis en place une véritable discipline et travaillent cette question qui devient partout un vrai sujet de préoccupation. Et cela ne me semble pas superflu. N'hésite pas à te faire aider dans ce domaine si délicat.

N'entre pas, ou ne demeure pas, jamais, dans ce qui te trouble. Ouvre-t'en au plus vite à quelqu'un qui peut t'entendre là-dessus, et éventuellement te conseiller. Il faudrait faire comme pour les alarmes incendie : des mesures de sauvegarde. Comment réagir « en cas de quoi que ce soit », comme on dit dans la Marine. Car c'est souvent une question de vitesse dans la réaction.

Enfin, ne laisse pas une femme s'immiscer dans tes histoires et dans tes affaires personnelles. C'est souvent sans malice au départ : gentiment, une personne te propose de l'aide. Mais, petit à petit, la relation devient plus étroite, et on finit par ne plus pouvoir en sortir.

Ce qui ne veut pas dire, malgré tout, qu'il est interdit de se faire chouchouter un peu. On en a besoin aussi ! Mais, par-dessus tout, aime et cultive ta solitude. Elle peut être douloureuse certains soirs, mais elle est ton trésor. Préserve-la amoureusement. Et relis Osée[1]…

Allez, je clos ici cette lettre. Je la relis : j'espère ne pas être trop dur. Exigeant, oui, mais pas dur. Nous sommes tous si faibles. C'est d'ailleurs un mystère inouï que Dieu veuille nous confier un trésor si grand, alors que nous sommes si fragiles. Justement, c'est un mystère, c'est de l'ordre du surnaturel. Ce qui exige de nous une contemplation assidue de ces réalités, pour en vivre dans la vraie joie qu'il nous donne. Dans la grave allégresse !

Que l'Immaculée nous garde fidèles à ce si grand don ! Je prie pour toi, avec l'affection que tu sais.

À toujours.
PF+

1. « Mon épouse infidèle, je vais la séduire, je vais l'entraîner jusqu'au désert, et je lui parlerai cœur à cœur » (Os 2, 16).

5

Le prêtre, père

Mon cher Benoît,

Je t'avais promis une lettre sur la paternité du prêtre. Question si vaste et si importante ! Je te le disais la dernière fois : l'homme est principe. Il l'est sous deux rapports, qui correspondent aux deux valeurs principales de la sexualité : il est d'abord principe de don et d'union, mais aussi principe de fécondité. Selon le premier, c'est l'homme époux ; selon le second, c'est l'homme père.

Qu'est-ce que la paternité du prêtre, comment vivre la paternité dans le célibat sacerdotal ? Voilà les questions que je voudrais poser maintenant avec toi. En considérant aussi la principale vertu de l'homme père : la force. Et aussi la bonté et la tendresse.

TRANSPARENCE ET FÉCONDITÉ DE LA CAUSE INSTRUMENTALE

Dans l'Église, le prêtre est l'instrument de la fécondité de la grâce, tout comme, dans le mariage, l'homme est l'instrument de la fécondité de la nature.

Dans l'Eucharistie, par exemple, le prêtre est dit « cause instrumentale », et le pain, « cause matérielle ». L'une et l'autre sont nécessaires. La cause instrumentale est indispensable, autant que le marteau l'est pour enfoncer un clou. Sauf que, en ce qui concerne le prêtre, la cause instrumentale est intelligente, ce qui lui confère une grande responsabilité.

Comment donc le prêtre est-il principe dans ce domaine de la grâce ? Il doit utiliser ses qualités masculines en ayant à l'esprit que le principe qu'il représente sont les personnes de la Trinité. Ce qui l'oblige à une totale transparence – comme le Curé d'Ars, modèle pour tous les prêtres, totalement effacé et transparent à la grâce, au confessionnal en particulier, ou comme Marie, transparente à l'Esprit Saint dans la conception virginale de Jésus. C'est même ce qui la caractérise : elle est disponible, dans une absolue gratuité : « *Fiat* », « Que tout m'advienne selon ta parole[1] ». Marie, elle aussi, est cause instrumentale. Elle est même l'unique cause instrumentale de l'humanité de Jésus. Jésus est la chair de sa chair[2].

Tout cela exclut absolument la figure du prêtre star ou vedette. C'est très dangereux de devenir une vedette quand on est prêtre ! Quand on commence à le voir partout, à l'entendre à tout bout de champ, quand il est adulé et qu'il a ses fans. Je reconnais que c'est assez difficile, quand on est un peu connu, et pour peu qu'on ait un peu de succès apostolique, de résister à cette tentation. Je demande souvent à saint Jean-Paul II de nous apprendre cette transparence, lui qui a été acclamé par des foules immenses : les acclamations le traversaient et le laissaient souriant et

1. Lc 1, 38.
2. Ce qui ouvre d'ailleurs des perspectives insondables pour l'Eucharistie : si Jésus est la chair de la chair de Marie, et si l'Eucharistie est la chair de Jésus, alors il y a « quelque chose » de la chair de Marie dans l'Eucharistie ! Mais c'est une autre affaire, que je ne peux pas traiter ici.

simple. Il ne retenait pas les acclamations pour lui : il les laissait filer vers Celui qui l'avait envoyé et dont il n'était que l'instrument. La vedette, au contraire, retient pour lui les félicitations et joue la fausse humilité.

La première fécondité, dans l'Église catholique, ce sont les sacrements. À commencer, bien sûr, par ceux que le prêtre célèbre le plus souvent : baptême, réconciliation, Eucharistie. Or, en réalité, c'est la parole de Dieu qui est source de vie, et le rôle des sacrements est de préparer à la recevoir. Prenons l'exemple du sacrement de réconciliation : tant que le cœur est bouché par le péché, la Parole ne peut pas pénétrer, ou mal. Par le sacrement célébré par le prêtre, Dieu rend l'âme capable d'accueillir sa Parole et de la faire germer[1]. Parabole du semeur[2] !

Les protestants n'ont pas ça. Dans l'Église protestante, le pasteur est chef d'Église, il n'est pas père. C'est un pasteur qui me le faisait remarquer un jour, en me disant : « Vous ne savez pas la chance que vous avez ! »

L'Église est charnelle. Les sacrements sont charnels. Ce sont des signes sensibles, et pas seulement spirituels. Le mariage est charnel. L'Eucharistie est charnelle. Enlève le charnel, et l'Église n'est plus que spirituelle. Or, la fécondité est charnelle.

C'est pourquoi le sacerdoce n'est pas intellectuel, ni même seulement spirituel. Ce n'est pas un métier. Camper avec des scouts ou une aumônerie, par exemple, oui, mais

---

1. Dans ce sacrement, j'ai toujours vu le prêtre comme une poubelle et un robinet. Une poubelle pour recevoir tous les déchets (pas de tri, là : tout est brûlé au feu de sa miséricorde !), et un robinet pour laisser couler la grâce.
2. Mc 4, 3-9 ou parallèles.

à condition que ce soit pour les sacrements ! On ne va pas à confesse comme on va au guichet ! Le prêtre n'est pas un fonctionnaire de l'Église. Son être sacerdotal est paternel.

La paternité du prêtre est une grâce du sacrement de l'ordre. Mais il faut faire attention à ne pas la recevoir au niveau psychologique. Pas plus qu'il ne doit devenir une star, le prêtre ne doit pas être adulé et mis sur un piédestal, comme s'il était une espèce d'homme à part. Oui, par son sacerdoce, il est « à part » : c'est le sens même du mot « consacré ». Mais il est, je le redis, un homme comme tout le monde. Avec ses qualités et ses défauts.

Enfin, même si cela peut te sembler une évidence, note que la paternité est masculine. On ne demande pas au prêtre d'être maternel ! Je t'ai déjà dit, dans une lettre précédente, pourquoi le prêtre est un homme, et son célibat, au service de la paternité. Je retrouve là le fait que l'homme est principe. Principe d'initiative et de don, et principe de fécondité. La paternité n'est pas la maternité ! La paternité est tellement dévaluée aujourd'hui ! Jusqu'à être évacuée, purement et simplement, et délibérément, dans certains projets de loi. Au vrai, c'est la transmission de la vie que l'on voudrait contester : plus de fécondité, mais de l'efficacité. On crée, on fabrique. Même les enfants. Ce faisant, on tue l'humain, ni plus ni moins. Mais cette question est si vaste, un livre entier n'y suffirait pas…

PATERNITÉ ET AMITIÉ

C'est quelque chose qui m'impressionne beaucoup : depuis très longtemps, on savait que Dieu était père, même si la paternité de Dieu n'est apparue en plénitude que quand on a découvert le Fils. On peut même dire que Dieu a pris son temps, tout l'Ancien Testament, pour ainsi dire, pour faire découvrir progressivement aux hommes combien il était père – père de miséricorde, « lent à la colère et plein d'amour ». Mais, avec Jésus, on va beaucoup plus loin : on découvre que Dieu non seulement est père, mais qu'il est aussi ami ! C'est d'ailleurs parmi ses dernières paroles, et c'est dire combien c'est important : « Je vous appelle mes amis, car tout ce que j'ai entendu de mon Père, je vous l'ai fait connaître[1]. » Dans l'amitié, il n'y a plus de différence de niveau : l'ami parle à son ami dans une parfaite réciprocité, d'égal à égal. C'est inouï de penser que Dieu nous regarde d'égal à égal !

C'est beau, la paternité qui s'épanouit en amitié. Rien de plus grand que de devenir l'ami de son père ! J'ai eu la chance de connaître une très grande et belle amitié avec mon père. Oui, je peux dire qu'il était pour moi réellement un très grand ami. C'est une grâce, j'en ai conscience, et ce n'est pas donné à tout le monde.

Combien de fois ai-je connu cela avec des fils ou des filles devenus amis, amies ? Tu sais d'ailleurs bien de quoi je parle ! Je reste ton père, et c'est beau et bon ! Et ni toi ni moi ne penserions à nier cette réalité. Mais une grande et profonde amitié nous lie tous les deux. Chaque fois que j'y pense, ça me comble de joie.

Mais autant le père peut devenir ami, sans que la paternité soit détruite ni dissoute, autant le copain ne peut pas

1. Jn 15, 15.

devenir un père. On ne confie pas ses secrets de cœur à un copain de jeux. Là où on fait de Dieu un copain, rapidement la religion s'étiole et se délite. Comment adorer un Dieu-copain ? Comment ce Dieu-là pourrait-il demeurer transcendant ? Un père plein de bonté, oui, sûrement. Mais pas un compagnon « trop cool ».

Ainsi, je pense par exemple que le prêtre doit faire très attention à ne pas devenir un copain sympa. Si je peux te donner un conseil : ne te laisse pas tutoyer, ni appeler par ton prénom. Tu risques d'y perdre l'espace nécessaire à la formation, peu à peu, de ta paternité. Pour moi, je préfère le classique « mon Père », « Monsieur le Curé », ou « Père François ». Oui, je sais, c'est ringard, mais j'assume ! Et tant pis si on te trouve un peu distant au départ : il vaut mieux ça que l'inverse. Oui, c'est vrai, c'est difficile à ajuster. Il ne faut pas de la distance, mais de l'espace : ce n'est pas la même chose.

Je te parlais de la joie de voir le fils devenir ami. Que dire alors de la joie de voir un fils devenir mon père ! Maintenant que je suis à l'âge des grands-parents, je regarde l'un ou l'autre de mes fils devenir mon père à son tour. Il m'enseigne et me nourrit. Et m'engendre à ma vie de grand-père. Il y a quelque part un père abbé qui sait bien de quoi je parle. Quelle joie, et quelle émotion ! Nos conversations éveillent mutuellement notre fibre paternelle (on peut sans doute parler de charisme), pour nous rendre plus pleinement fidèles à la vocation reçue d'exercer cette paternité.

MES PÈRES

Mais laisse-moi te dire maintenant ce qu'est concrètement la paternité pour moi, et comment je l'ai reçue depuis mon enfance.

J'ai eu d'abord la chance immense d'avoir un vrai père. Mon père de sang. Très discret, doué d'une volonté de fer, il ne parlait pas beaucoup, n'extériorisait que très rarement ses sentiments. Médecin de famille devenu psychiatre[1], il avait des convictions et une foi très profondément ancrées. Facilement hésitant pour lui-même, il avait pour les autres, en particulier pour ses patients, une solidité de roc. Si j'ose te parler de lui, c'est parce que cette paternité m'a profondément marqué. Mes parents étaient pour moi une référence sûre, dont j'étais extrêmement fier. Je les admirais beaucoup. Plus tard, j'ai découvert certains de leurs défauts, sans que cela ternisse la grande admiration que j'avais pour eux. Et, je te l'ai déjà dit tout à l'heure, nous avons eu la grâce de connaître, mon père et moi, une très grande amitié[2]. Comme jeune prêtre, j'ai énormément reçu de lui et appris avec lui[3]. Son sens de l'écoute et de

1. Il n'appartenait à aucune « école ». Médecin de famille, il s'était toujours passionné pour la psychiatrie, et s'était formé en direct, sur le terrain, accompagné par un maître pour qui il avait un très grand respect. Ils ont connu une longue et très solide amitié. C'est après une vingtaine d'années d'exercice de la médecine qu'il est devenu psychiatre pour de bon.

2. Avec ma mère aussi, nous avons connu une très grande et très profonde amitié ! Surtout après la mort de mon père, en 2003. Mais la relation d'un prêtre avec sa mère est tellement particulière ! Entre autres raisons de cette particularité, il y a le fait qu'avec un fils prêtre, il n'y a pas de belle-fille ! Et la mère n'est donc pas belle-mère, ce qui change beaucoup de choses. Mais c'est un autre sujet…

3. Pendant au moins les dix premières années de mon sacerdoce, j'ai passé une soirée avec lui toutes les semaines.

l'observation, la façon qu'il avait de prendre en charge une personne avec un engagement total, sans jamais se soucier de sa fatigue ou de ses sentiments. Il aimait ses malades, parce que leur souffrance le touchait au cœur. Il les portait jour et nuit, à bras-le-corps. Un jour, je lui demandais s'il n'était pas fatigué d'entendre à longueur de journée des personnes en difficulté. Je n'oublierai jamais sa réponse : « Si tu savais comme ils souffrent ! » Bref, certainement, je ne serai pas le prêtre que je suis si je n'avais pas eu le père que j'ai eu.

Mais j'ai eu la grâce de connaître aussi un très grand nombre de pères et de mères. Des prêtres diocésains, des religieux, moines ou non. J'ai tellement appris à leur contact. Certains ont été très proches, pendant longtemps. Je pense par exemple à l'abbé Bernard. Il était mon aumônier chez les louveteaux, et puis aumônier aussi au collège où j'ai été scolarisé de la sixième à la seconde. Les prêtres étaient encore nombreux là-bas. La chapelle, toujours ouverte, s'ouvrait sur la cour principale. J'y passais souvent mes récréations. C'est même là que j'ai appris, sans le savoir, à prier longuement, seul, en silence. J'y servais la messe presque tous les matins – j'ai encore dans ma Bible mon « Brevet de servant de messe », obtenu le 20 octobre 1965 ! Voilà un prêtre qui m'a énormément appris et apporté. Je l'aimais beaucoup.

Et puis, il y en a eu tant d'autres, je ne pourrais pas les citer tous... Quelques-uns quand même que je voudrais évoquer. Non pas pour les mettre sur un piédestal, les uns ou les autres. Mais parce que, sans être aveugle sur les limites qui étaient aussi les leurs, je les ai admirés et j'ai une véritable dette envers eux.

La figure de dom Ignace Dalle, le père abbé de Saint-Wandrille (celui de mon enfance), reste gravée dans ma mémoire et dans mon cœur. Celle de son successeur aussi, dom Antoine Levasseur. Mon père et lui étaient amis intimes, et il a beaucoup accompagné mon adolescence. Cette abbaye a laissé une empreinte très forte sur mes jeunes années. Longtemps, j'ai cru que j'entrerais là pour donner ma vie au Seigneur. En 1969-1970, j'ai passé quelques semaines de vacances à travailler au chantier de la nouvelle église, cette grange que les moines avaient trouvée en Basse-Normandie et qu'ils avaient transportée pierre à pierre jusque chez eux.

Le père Lacoste, que nous appelions « le Marab », aumônier du Prytanée. Avec lui aussi, la messe tous les matins dans cette chapelle « mythique » ! C'est lui qui, un beau jour, m'a dit du tac au tac : « Mais, François, tu n'as pas une vocation contemplative, toi ! Tu ne peux pas ne pas parler du Bon Dieu ! » C'était absolument clair, tout d'un coup.

Mgr Coppenrath, archevêque de Tahiti. « Mgr Michel », comme on l'appelait. Je l'ai beaucoup connu pendant mes deux années là-bas. Années bénies pendant lesquelles j'ai tant reçu et appris. Quasiment tous les soirs, quand je n'étais pas en mer, j'allais à la messe qu'il célébrait dans la petite chapelle de l'évêché. Mère Élisabeth Gaveau, sœur de Saint-Joseph de Cluny, était sa secrétaire, et nos conversations interminables me portent encore aujourd'hui.

Le dimanche, j'étais en paroisse à Punaauia, où je chantais dans la chorale tahitienne. Le père Henri Dano, un Breton missionnaire à Tahiti, m'apprenait à faire le catéchisme et à porter la communion aux malades.

Je devrais citer encore le père Emmanuel de Floris, moine bénédictin de l'abbaye d'En-Calcat devenu ermite, qui a grandement participé à ma formation quand j'étais novice à la communauté Saint-Jean. Une grande figure spirituelle. Les confessions avec lui avaient un goût unique de douceur, de sagesse tranquille et tellement simple.

Et comment ne pas dire un mot du père de Monteynard, qui a accompagné de près mes dix premières années de sacerdoce. Je peux dire que j'ai appris « le métier » en grande partie avec lui. Quel éducateur ! Et quel charisme de paternité !

Plus récemment, le cardinal Lustiger. C'est lui qui m'a accueilli dans le diocèse de Paris au moment où je quittais la communauté Saint-Jean, et il m'a toujours manifesté une grande bonté paternelle. J'avais pour lui une très grande admiration et je rends grâce pour cette figure qui a tant marqué l'Église de l'an 2000. Je me rends compte du privilège que j'ai eu de le côtoyer de près.

Il y en a tant d'autres que je ne puis citer ici ! Comme je suis plein de reconnaissance envers le Seigneur qui m'a guidé fidèlement sur ma route à travers tous ceux-là ! Quand je reprends le fil de toutes ces années, c'est toute une constellation ! « Comment rendrai-je au Seigneur tout le bien qu'il m'a fait[1] ? » Mais, de vrai père, je crois

---

1. Ps 115, 12.

pouvoir dire que je n'en ai eu qu'un. J'ai eu cette chance d'avoir un oncle évêque. À vrai dire, pas un oncle, mais nous appelions « oncles » et « tantes » la plupart des grands amis de mes parents. Lui, c'était pour nous « le père Alix ». Il avait été aumônier scout de mon père, avait béni le mariage de mes parents, nous avait baptisés tous les huit[1], et avait confirmé aussi les aînés de la famille. Son sacre[2] dans la cathédrale de Rouen, à l'été 1965, juste avant la dernière session du Concile, reste pour moi un souvenir indélébile. Je n'avais pas encore dix ans. C'était à la fin d'un camp de louveteaux, et nous y étions, mon frère et moi, en uniforme. Je brûlais déjà du désir d'être prêtre, et ce moment a puissamment renforcé mon désir. J'étais en larmes une bonne partie de la messe. Il était vraiment mon père, et l'est resté jusqu'à sa mort, presque jusqu'à mon ordination. Il a été ma première grande référence paternelle.

Et puis une mère, une vraie. Mère Myriam, au Carmel. Elle a été ma mère pendant plus de quarante ans, depuis le temps où j'entrais à l'École navale jusqu'à ces dernières années. Jamais je ne pourrai dire ce que j'ai reçu près d'elle. Dans tous les domaines de la vie spirituelle et mystique. Quelle sagesse ! Quelle force et quelle tendresse maternelles ! Quelle clairvoyance ! Voilà aussi une mère devenue véritablement amie tout en restant mère, profondément.

---

1. Nous sommes huit frères et sœurs, quatre filles et quatre garçons. Je suis le numéro trois dans la fratrie.
2. On parlait encore à l'époque du « sacre » des évêques. Depuis le concile Vatican II, on parle de « l'ordination épiscopale ».

Enfin, je ne peux pas ne pas mentionner Jean-Paul II. Même si j'ai eu la chance, comme beaucoup d'autres, de lui serrer la main, je ne l'ai jamais vu en privé. Et pourtant, il était tellement mon père ! Combien sommes-nous à pouvoir le dire en toute vérité : il a exercé sur nous une véritable paternité ? Son charisme était tellement immense dans ce domaine. Tout en lui respirait et manifestait cette paternité. Sa façon de regarder, d'embrasser, d'étreindre. Sa force, sa bonté, sa tendresse. En une fraction de seconde, son regard disait plus qu'un long discours. Un géant. Mais un géant si proche, si humble, si transparent.

LE CHOIX DE LA PATERNITÉ

Si je te raconte tout cela, si j'ose te le livrer, c'est d'abord parce que je voudrais t'associer à mon action de grâce. Mais c'est aussi parce que j'ai acquis la conviction que l'on n'apprend pas à devenir père dans les bouquins. Ni même au séminaire. Cela s'apprend de père en fils : pour être un vrai père, il faut d'abord être un fils. Il faut être homme pour pouvoir devenir père. Et on n'est vraiment homme que si on est vraiment fils. C'est dire toute l'importance de la maturité affective dont je t'ai déjà parlé.

Saint Jean-Paul II a écrit une pièce de théâtre dense, difficile, et pourtant si lumineuse : *Le Rayonnement de la paternité*[1]. Il y développe une longue méditation sur la paternité. La paternité est un choix, elle engage radicalement :

1. Saint Jean-Paul II, *Le Rayonnement de la paternité*, Paris, Éd. du Cerf, 2014.

Adam s'adresse à sa fille
Nous sommes aussi nés à travers un choix. [...] Si tu dois naître de ton père, tu dois d'abord pénétrer dans les profondeurs de sa volonté... C'est cela, « donner naissance par choix »[1].

Être père, c'est choisir la responsabilité d'aimer l'enfant qui est engendré, avec tout ce que cela comporte d'inconnu, de joie et de souffrance. Choisir et aimer cette responsabilité. Être père, c'est accepter que cet enfant soit « mien ». Et cet enfant ne peut être « mien » que si, moi-même, je suis fils. Que si je me donne moi-même :

Adam au Père
Au bout d'un certain temps, j'en suis venu à comprendre que tu ne voulais pas que je devienne père avant d'être devenu enfant. C'est pourquoi Ton Fils est venu dans le monde. Il est entièrement Tien[2].

Ève à Adam
Adam, accepte le rayonnement de la paternité ; Adam, deviens un enfant[3].

On comprend que, beaucoup plus qu'un engendrement seulement physique, la paternité est un engendrement spirituel. Ce n'est qu'au prix de l'acceptation de cette responsabilité que l'homme, par la paternité, devient pleinement image de Dieu-Père. Et nous voilà revenus au prêtre...

1. *Ibid.*, p. 89-90.
2. *Ibid.*, p. 55.
3. *Ibid.*, p. 112.

Car, bien sûr, tout cela est vrai dans l'ordre naturel, mais aussi – peut-être surtout ? – dans l'ordre surnaturel.

C'est vrai, la paternité engage radicalement. On se mouille en acceptant d'être père. La paternité fait souffrir, elle fait mal souvent. Je repense à mon père et à ses malades : il y a quelque chose de semblable. Est-ce que c'est pour cela qu'il y a si peu de pères aujourd'hui ? Sans doute pas seulement à cause de cela, mais ça compte sûrement beaucoup dans la crise actuelle. Note d'ailleurs que le manque de pères est aussi grave dans le domaine humain que dans le domaine spirituel. On cherche des pères ! Des livres ont été écrits sur le sujet. On cherche des prêtres qui soient des pères. Des évêques qui soient de vrais pères, et pas seulement des managers ou même des amis. Il ne s'agit pas seulement d'avoir le souci des prêtres, de faire le point régulièrement avec eux sur leur santé ou leur équilibre de vie, d'assurer correctement l'entretien annuel comme on le fait en entreprise. Il faut que l'évêque aime réellement ses prêtres comme un père aime ses enfants... même si certains sont plus difficiles à aimer. Et les prêtres doivent le savoir et le sentir.

Je suis toujours très impressionné, quand je rencontre des prêtres – et pas seulement des jeunes –, de constater qu'ils sont assoiffés de paternité. Je pense que la crise du sacerdoce et la crise de la paternité sont intimement liées.

PÈRE SPIRITUEL ET PÈRE « TOUT COURT »

Des pères spirituels, on en trouve. Des « pères spi », comme on dit souvent. Il faut chercher (et prier !), mais on en trouve. Je vais voir mon père spirituel pour me confesser, pour faire le point, pour avoir un conseil. En période de discernement, ou si l'on veut progresser vraiment dans la vie de prière, c'est important de le voir régulièrement pour faire le point, pour avoir un éclairage sur la route. Pour ne pas rester seul : on n'est jamais objectif avec soi-même, et le regard d'une personne avisée est très utile pour pouvoir discerner dans la lumière de l'Esprit Saint. Le père spirituel, c'est celui qui renvoie un écho de ce qui sort du cœur. Comme le mur qui renvoie les balles de tennis à l'entraînement. C'est lui qui fait tinter la petite cloche qui est au fond de l'âme. Il est le témoin d'une route, d'une trajectoire. On peut rencontrer une fois ou deux un prêtre très sage, mais, s'il ne me connaît pas, il ne pourra pas me donner de conseil ajusté. Avec un point, on ne peut rien faire. Avec deux ou trois points, on peut dessiner quelque chose qui va ressembler à une ligne brisée... Seul celui qui me connaît et qui m'entend régulièrement pourra m'aider à découvrir la trajectoire. Et c'est en suivant cette trajectoire que j'ai de bonnes chances de suivre l'Esprit Saint. La qualité du père spirituel, c'est la transparence dont je te parlais au début de cette lettre. Plus le père spirituel est effacé, moins il dirige, et mieux c'est. J'ai toujours beaucoup redouté les pères directeurs. Pire encore, le directeur de conscience.

Mais tous les « pères spi » ne sont pas forcément des pères. Tant s'en faut ! Père spirituel[1], c'est une fonction.

---

1. Je ne te parle pas de directeur spirituel : ce mot me fait peur. À vrai dire, je n'ai pas du tout envie d'être dirigé, et je voudrais surtout ne jamais diriger personne ! Même s'il existe de très bons directeurs, qui ne « dirigent » pas, c'est le mot qui me fait peur et qui, à mon avis, peut prêter à confusion.

Presque un métier pour certains. Il y en a de très bons ! Mais, la paternité, c'est plus que cela. C'est une véritable prise en charge. Un véritable engendrement. Dans une absolue liberté. Tu te souviens de ce jour où tu m'as demandé si je voulais bien être ton père spirituel ? Je sais en tout cas que tu te rappelles la réponse que je t'ai faite : « Je ne sais pas. C'est toi qui sauras. » Je fais la même réponse à chaque fois que l'on me pose cette question. La paternité ne se décrète pas, elle se découvre. Si vous n'êtes pas dégoûté après ce premier rendez-vous et que l'envie vous prend de revenir, alors revenez. Si vous n'êtes toujours pas dégoûté après deux ou trois rendez-vous, si vous sentez qu'un climat de confiance est possible, que l'on touche les bons endroits, que vous êtes à l'aise et que cela peut vous aider, alors revenez encore. Et, au bout d'un certain temps, la relation de paternité se mettra en place sans qu'on ait plus besoin d'en parler. Elle est ! Mais si, au contraire, au bout d'un certain temps, vous pensez que vous vous êtes trompé, que vous n'êtes pas à l'aise et que je ne corresponds pas à ce que vous cherchiez, alors, liberté ! Nous ne nous devrons rien, et vous ne serez pas obligé de vous contorsionner pour m'expliquer que, finalement, vous avez fait un mauvais choix et que vous avez trouvé mieux ailleurs… C'est aussi pour cela, d'ailleurs, je te l'ai souvent dit, que je ne rappelle jamais quelqu'un qui ne se manifeste pas, ou plus. Très exceptionnellement, il peut m'arriver de le faire quand je sais que la personne est en grave difficulté et qu'il n'y a pas moyen de faire autrement.

Le père a ce souci premier de rendre libre celui ou celle dont il devient père. Il me semble d'ailleurs que l'on peut mesurer la vérité d'une paternité à la qualité de la liberté qu'elle suscite. Et c'est un paradoxe étonnant : plus je suis lié à cette paternité, et plus je me sens libre. C'est que le père a pour mission de permettre à quelqu'un de s'épanouir pour prendre son envol, dans un complet déploiement de sa personnalité. Je me rappelle cette remarque de mon père : « François, rappelle-toi que la paternité réussie, c'est quand les enfants quittent la maison ! » C'est toujours l'occasion d'une grande souffrance, mais c'est si important. Et source aussi de si grande joie : encore la grave allégresse ! Un jour, un père de famille me disait : « Ah, vous ne savez pas ce que c'est, vous, les prêtres, que de voir les enfants quitter le nid ! » Je lui ai répliqué : « Oh, que si ! Et ça m'arrive à moi beaucoup plus souvent qu'à vous[1] !... »

Le père est père spirituel, mais pas seulement. Il s'intéresse à tout ce qui concerne ses enfants. Il n'est pas là uniquement pour faire le point sur la vie spirituelle. Quand je dis qu'il prend en charge une personne, c'est qu'il l'aime comme son enfant, et que tout ce qui concerne son enfant le concerne en tant que père. Mais c'est aussi pour cela qu'il n'y a pas de règle dans la fréquence des rendez-vous. Autant c'est bien d'avoir un rythme régulier pour voir son

---

1. Je te conseille, si tu ne l'as pas encore fait, de lire la très belle lettre *Patris corde* que le pape François a écrite à l'occasion du cent cinquantenaire de la déclaration de saint Joseph comme patron de l'Église universelle par le bienheureux Pie IX. En particulier le magnifique paragraphe 7 que l'on aimerait citer tout entier. J'en cite en annexe tout de même un passage très significatif (voir Annexe, p. 186).

père spirituel, surtout si – c'est le cas le plus fréquent – c'est aussi le confesseur habituel, autant, avec un père, la régularité n'a pas la même importance. Il y a des personnes que je vois toutes les deux ou trois semaines parce qu'il y a des choix à faire qui réclament un discernement très fin. Et puis il y en a d'autres que je ne vois que tous les deux ans parce qu'on est en vitesse de croisière, ou que les circonstances ne permettent pas de se voir plus souvent. N'importe : quand on se voit, c'est comme si on s'était vus la veille. Le contact est repris immédiatement au niveau le plus profond.

D'ailleurs, on peut très bien avoir un père et un père spirituel. Ça ne fait pas nombre ! Pour les rendez-vous réguliers, on voit le père spirituel. Mais je ne prendrais pas une décision ou une orientation importantes sans en parler à mon père. Ou à ma mère, si on la chance d'en avoir une comme celle que j'ai eue. Pour prendre une comparaison un peu basique mais éloquente : pour faire une vidange et vérifier les niveaux, je vais voir le garage du coin – et tant mieux si c'est le même à chaque fois. Mais pour faire la révision des 50 000, je vais voir mon garagiste perso, et personne d'autre. Cela pour dire que l'on n'a pas besoin de voir son père si souvent que cela. Mon père peut bien habiter à 500 km ou plus, ça n'a pas d'importance : je ferai ce qu'il faut pour le voir quand c'est nécessaire.

Mais il y a encore autre chose de plus profond. Avec mon père spirituel, en tant que tel, je suis dans une relation seul à seul. Avec mon père, je deviens membre d'une famille. C'est d'ailleurs une expérience émouvante de découvrir d'autres personnes avec qui je partage cette paternité : nous avons quelque chose en commun. C'est comme si nous nous reconnaissions, même si nous ne nous étions jamais vus avant. Évidemment, le danger, ce serait que cette paternité et cette famille spirituelle s'enferment sur elles-mêmes et deviennent « autoréférencées », comme dit souvent le pape François. Pour éviter ce piège, il est très important que le père demeure enfant, comme je te le disais tout à l'heure en te parlant du *Rayonnement de la paternité*, qu'il soit lui-même fils, en vérité, c'est-à-dire totalement relatif à un autre. Relatif à son évêque, par exemple, ou à son supérieur, s'il s'agit d'un religieux. C'est la longue fréquentation du Christ exposé à son Père, dans l'Eucharistie en particulier, qui nous apprend cette relation essentielle. Je devrais dire existentielle.

Bien sûr, il faudrait parler ici des risques et des dérives de la paternité. Les abus d'autorité spirituelle ont fait des ravages et causé des dégâts irréparables. Il faut le reconnaître, le danger est réel, et ne doit pas être ignoré. Le sujet est si important qu'il est impossible de t'en parler ici en quelques lignes. Si tu ne l'as pas déjà fait, tu pourrais lire en particulier l'excellent livre de dom Dysmas de Lassus, prieur de la Grande Chartreuse : *Risques et dérives de la vie religieuse*[1]. Néanmoins, note quand même un des signes qui devra t'alerter sans délai : aussitôt que tu sentiras un attachement trop humain de quelqu'un envers toi (un jeune homme, une jeune fille ou une femme, peu

---

1. Dom Dysmas DE LASSUS, *Risques et dérives de la vie religieuse*, Paris, Éd. du Cerf, 2020.

importe) avec des sentiments d'exclusivité ou, inversement, de toi-même envers quelqu'un (quel qu'il soit), tu devras rapidement prendre du recul et toujours te demander si vous êtes – toi ou la personne en question – encore vraiment libres. Parfois, il faut couper net, même si c'est douloureux, et même si cela peut paraître excessif au premier abord. Il vaut mieux être trop prudent que pas assez. Le plus sûr est de pouvoir toujours être « supervisé », par ton père par exemple, ou en tout cas par quelqu'un d'expérimenté, de prudent et de sage. Il y aurait grave danger à te laisser enfermer dans une relation, ou emberlificoter dans un secret malsain.

Malgré tout, ce n'est pas parce qu'il y a des risques qu'il faut renoncer à la paternité. Peut-être même que c'est une raison de plus pour la vivre en vérité, comme un service essentiel rendu dans l'Église et pour le monde.

LA FORCE DU PÈRE

C'est le père qui guide. C'est lui qui donne la verticalité, la force, l'exigence. La fermeté est davantage du côté de la paternité. Aujourd'hui, on voudrait insister surtout sur les dimensions féminines de la théologie : la miséricorde, la clémence, le pardon, la consolation. Oui, il y a bien quelque chose de féminin en Dieu ! « Comme un enfant que sa mère console, ainsi, je vous consolerai[1]. » Le prêtre, parfois, doit manifester aussi cette dimension. Mais il ne peut le faire en vérité que si, d'abord, sa paternité est bien assurée et affermie.

---

1. Is 66, 13.

Pour les raisons que je disais au début de cette lettre, en parlant par exemple du saint Curé d'Ars ou de la Vierge Marie, on pourrait s'imaginer que la première vertu du prêtre est l'humilité. Je t'en parlerai plus tard, dans ma prochaine lettre qui abordera la figure du prêtre pasteur. Pour le moment, je voudrais regarder avec toi la force du père. Et sa bonté.

Qu'est-ce que la force ? C'est une vertu souvent mal connue et mal comprise. Elle est trop souvent assimilée à la violence. Mais celui qui attaque n'est pas toujours fort, car le propre de la force, précisément, c'est de ne pas attaquer. La force consiste à « tenir ». Tenir bon. Tenir pour rester calme et maître de la situation. « Dans la tranquillité, dans la confiance sera votre force[1]. » La qualité première de celui qui est fort est qu'il sait rester calme. Finalement, la force est comme une ligne médiane entre la crainte et l'audace : la force tempère l'audace et vainc la peur. Cela t'est probablement déjà arrivé de voir une personne qui te fait des remarques désobligeantes sur ton homélie. Il faut avouer que c'est très désagréable ! Comme certains, tu peux attaquer, ou comme d'autres, reculer et te confondre en faisant la pâte molle. Le prêtre fort, lui, tient bon. Le cas échéant, il reconnaît ce que la remarque peut avoir de pertinent… et va son chemin. En remettant la discussion éventuelle à plus tard, quand ce sera le moment.

La force est la vertu du père, et donc aussi du prêtre, parce qu'on attend de lui cette fermeté, à propos de la

1. Is 30, 15.

doctrine, ou en ce qui concerne le discernement ou le jugement. La force consiste à rester calme et serein tout en enseignant des principes qui ne sont pas à la mode, ou qui sont même totalement remis en question par la pensée moderne. Au-delà de l'imputabilité d'un acte, de son intentionnalité ou des circonstances qui l'entourent, le prêtre doit aussi pouvoir juger de l'objet d'un acte : c'est bien ou c'est mal. Pas toujours facile à discerner ! Mais il faut éviter deux solutions de facilité : se défiler en disant « Ce n'est rien, ce n'est pas grave » et, à l'inverse, fermer tout débat en disant « C'est comme ça, et point ! ».

Il faut de la fermeté pour soutenir les fidèles dans la foi. On attend d'abord cela du prêtre. Il faut être fort contre les critiques, contre les déviances.

La force, en fait, est pour le combat et la victoire contre le mal. C'est sa finalité. Jésus regarde Pierre qui est en train de le renier : il le regarde d'un intense regard de miséricorde. Jésus embrasse Judas qui le trahit. De Judas à Jésus, c'est un baiser de trahison ; de Jésus à Judas, c'est un baiser d'amour. Jésus n'abdique pas devant Judas. Ni devant Pilate. Ni devant la femme adultère. « Seigneur Dieu, quand tu pardonnes et prends pitié, tu manifestes au plus haut point ta toute-puissance[1]... » La force soutient. Le plus souvent, elle s'exprime concrètement par la douceur et la patience.

---

1. Missel Romain, collecte du 26e dimanche.

TENDRESSE PATERNELLE

Le père, c'est aussi l'homme de la tendresse. Je t'avais dit ma conviction à propos de la tendresse : c'est l'incarnation, dans les gestes, de la miséricorde. Je pense que c'est une véritable mission. Tous ceux qui me connaissent savent que j'embrasse tout le monde à la sortie de la messe. Je trouve que c'est tellement urgent de donner au monde de goûter un peu de tendresse et de consolation. J'aime quand le pape François parle de la « caresse de Dieu » que tout le monde devrait pouvoir expérimenter en approchant un prêtre. Ça m'encourage beaucoup. Et je regardais notre saint Jean-Paul II qui étreignait si puissamment les personnes qui se laissaient glisser dans ses bras. Une étreinte puissante, qui libère profondément une personne. En effet, il y a l'étreinte captatrice, qui possède et étouffe – quelle horreur ! – et puis il y a l'étreinte qui libère. En « recouvrant » une personne de tendresse, elle libère les forces que la peur ou la souffrance intime retiennent captives. Cette étreinte-là communique la tendresse et la force. Oui, je revendique le droit – le devoir, même ! – de manifester la tendresse et la douceur de Dieu. Je ne te demande pas de m'imiter et de faire la même chose. À chacun son charisme. À chacun ses gestes et ses manières : quand on copie, on est gauche. Mais je te demande, ça oui, je te demande de prier l'Esprit Saint pour qu'il t'inspire les gestes et les attitudes justes qui permettront à tous ceux qui te rencontrent d'avoir une idée de la bonté et de la grandeur de Dieu Père. Que ça ne reste pas théorique et fumeux… Que ce soit inscrit dans les tripes !

Le jour de l'enterrement de ma mère au Carmel, je m'entretenais avec la sœur prieure par intérim. Comme je lui demandais comment allait la communauté, elle a eu cette réponse extraordinaire :

– Oh, vous savez, elle ne nous a pas éduquées dans les sentiments !

– C'est vrai. Avec elle, j'ai appris que la tendresse est quasi théologale.

– Vous avez tout compris, mon père.

La tendresse est quasi théologale. C'est-à-dire qu'elle est verticale. Elle ne s'emberlificote pas dans les sentiments et l'affectif. Sinon, elle devient molle et poisseuse. C'est d'autant plus important pour les célibataires que sont les prêtres ! Quand la vie affective s'en mêle, le danger n'est pas loin. Je te redirais volontiers le conseil que je t'ai donné : n'entre pas, et ne demeure jamais, dans ce qui te trouble. Si tu sens que le sentiment est engagé, et que l'équivoque devient possible, prends vite du recul pendant qu'il est encore temps.

C'est très important aussi à cause des dérives auxquelles je faisais allusion : elles sont sources de beaucoup de confusions. Cela doit nous rendre particulièrement prudents avec les enfants ou les adolescents. Mais, encore une fois, la peur ne doit pas nous paralyser ! Les enfants et les jeunes ont le droit de savoir qu'on les aime. Et il faut savoir le leur manifester.

Enfin, si elle se manifeste essentiellement par les gestes, la tendresse s'exprime aussi par la parole. Comme elle est importante, cette parole du père à son fils ou à sa fille !

Pour le rendre capable, l'encourager et le bénir. Comme elle est puissante, cette parole paternelle ! Comme elle est attendue aussi ! Il y a trop, beaucoup trop, de fils et de filles qui n'ont jamais entendu une parole de tendresse, ni de la part de leur père de sang, ni de la part d'un prêtre. Je t'en prie, ne sois pas avare de ces paroles qui donnent vie ! Comment découvrir l'extraordinaire vertu de la parole de Dieu si on ne l'a jamais reçue de ceux qui devraient s'en faire les interprètes ? Les paroles de Jésus expriment tant la tendresse, la douceur et la miséricorde de son Père. Lui qui est la Parole même du Père !

En concluant cette lettre, je te souhaite de connaître dans la paternité autant de joies que j'en ai connues moi-même. Quelle grâce, et quelle responsabilité folle le Seigneur nous a confiées là ! Je t'embrasse et te bénis de tout cœur, avec grande tendresse.

À toujours.
PF+

6

Le prêtre, pasteur

Mon cher Benoît,

Je veux te parler aujourd'hui de la troisième grande dimension du sacerdoce. Après le prêtre époux et le prêtre père, c'est celle du prêtre en tant qu'il est pasteur.

Combien de fois nous avons vibré, toi et moi, à la lecture de ce passage :

> Voyant les foules, Jésus fut saisi de compassion[1] envers elles parce qu'elles étaient désemparées et abattues comme des brebis sans berger. Il dit alors à ses disciples : « La moisson est abondante, mais les ouvriers sont peu nombreux. Priez donc le maître de la moisson d'envoyer des ouvriers pour sa moisson[2]. »

Et, bouleversés, nous avons décidé de répondre à l'appel !

Les images bibliques ne manquent pas, autant dans l'Ancien que dans le Nouveau Testament, pour dire combien cette responsabilité du pasteur est la prérogative de Dieu. Et quand Dieu délègue cette mission, il est très exigeant envers ceux à qui il la confie. Par exemple, j'imagine que, comme moi, tu trembles un peu en lisant le chapitre

1. Il faudrait plutôt lire, comme dans la parabole de l'enfant prodigue, « bouleversé dans ses tripes ». L'expression est très forte.
2. Mt 9, 36-38.

d'Ézéchiel[1] sur les mauvais pasteurs. Et pourtant, Jésus confie de nouveau ses brebis à Pierre, après son triple reniement. Il confie donc sciemment cette charge à des hommes pécheurs, mais à des pécheurs qui ont conscience de l'être et qui ont mis leur force en lui et non plus en eux-mêmes : « Seigneur, tu sais tout : tu sais bien que je t'aime[2]. »

Le pasteur doit être devant, mais toujours s'effacer. Il doit enseigner la doctrine en étant attentif à ne jamais endoctriner. Il doit juger avec exigence, sans jamais se montrer sévère. Sans l'Esprit Saint, je ne vois pas très bien comment faire…

HOMME DE LA COMMUNION

Il me semble que la première tâche du pasteur est de coopérer à l'œuvre de communion du peuple de Dieu. Rassembler dans la Maison du Père les brebis dispersées. De fait, le péché a dispersé les hommes, jusqu'au jour où, enfin, « tout sera récapitulé dans le Christ » :

> [Le Père] nous dévoile ainsi le mystère de sa volonté, selon que sa bonté l'avait prévu dans le Christ : pour mener les temps à leur plénitude, récapituler toutes choses dans le Christ, celles du ciel et celles de la terre[3].

Par sa parfaite obéissance au Père, le Christ restaure la paix avec Dieu et entre les hommes, en réconciliant en lui l'humanité dispersée :

1. Ez 34, 1-7.
2. Jn 21, 17.
3. Ep 1, 9-10.

> C'est lui, le Christ, qui est notre paix. [...] En sa personne, il a tué la haine[1].

Par son amour, qui agit par attirance et jamais par contrainte, c'est en lui-même que le Christ réalise la communion :

> Quand j'aurai été élevé de terre, j'attirerai à moi tous les hommes[2].

Là est vraiment l'autorité du pasteur. Plus l'amour pour les brebis est fort, moins il est nécessaire de faire sentir son pouvoir. C'est l'amour qui attire. Et c'est l'amour qui fait grandir – ce qui est précisément l'objet de l'autorité. Cloué au bois de la croix, le Christ n'a plus aucun pouvoir humain, mais son autorité n'a jamais été aussi grande. On retrouve ici tout ce que je te disais dans mes lettres précédentes : l'autorité d'un Jean-Paul II à la fin de sa vie, infirme et tellement vulnérable, la force et la douceur du père, entre autres. Au fond, celui qui a vraiment de l'autorité, c'est celui qui se donne. Qui donne sa vie. Et n'est-ce pas là ce qui devrait caractériser le prêtre en tout premier ? N'est-ce pas pour cela que nous avons répondu à l'appel de Dieu ?

Autrement dit, et très concrètement, tout le monde doit pouvoir se retrouver en toi : les hommes et les femmes, les vieillards et les enfants, les intellectuels et les manuels, les gens de gauche et ceux de droite, les tradis et les plus modernes, les fanas de liturgie et les inconditionnels du

---

1. Ep 2, 14.16.
2. Jn 12, 32.

service de la charité. Pas simple ! Bien sûr, tu as ton style, ton tempérament, tes origines familiales et ecclésiales. Tout cela fait que tu es qui tu es, tu n'en rougis pas et c'est bien. Et il ne s'agit pas de faire le caméléon pour faire semblant de ressembler à tout le monde ! Mais, avec saint Paul, il faut quand même savoir se faire tout à tous :

> Libre à l'égard de tous, je me suis fait l'esclave de tous afin d'en gagner le plus grand nombre possible. Et avec les Juifs, j'ai été comme un Juif, pour gagner les Juifs. Avec ceux qui sont sujets de la Loi, j'ai été comme un sujet de la Loi, moi qui ne le suis pas, pour gagner les sujets de la Loi. Avec les sans-loi, j'ai été comme un sans-loi, moi qui ne suis pas sans loi de Dieu, mais sous la loi du Christ, pour gagner les sans-loi. Avec les faibles, j'ai été faible, pour gagner les faibles. Je me suis fait tout à tous pour en sauver à tout prix quelques-uns[1].

Ce qui suppose donc que, progressivement, tu doives laisser s'atténuer peut-être telle ou telle aspérité de ta personnalité, pour que, sans faute de ta part d'ailleurs, elle ne risque pas de rebuter l'un ou l'autre. Je pense que c'est essentiellement l'humilité qui fait son œuvre ainsi.

Depuis quelque temps, tu es curé toi aussi. Eh bien, je te souhaite de connaître autant de joie que j'en ai reçue à travailler avec le conseil pastoral de Notre-Dame-du-Travail. Je vais à présent en découvrir un nouveau dans la paroisse qui m'attend, mais ces années dans mon ancienne paroisse ont été très riches pour moi. J'y ai vraiment expérimenté que le curé ne peut rien faire, rien inventer, rien décider

1. 1 Co 9, 19-22.

tout seul. Bien plus, j'ai découvert combien la paroisse s'unifie par la grâce de ce ministère de communion. Ou se divise quand elle fait défaut.

Le conseil pastoral n'est pas une chambre d'enregistrement des décisions que le curé a déjà prises tout seul. Pas plus qu'elle n'est un lieu de discussions sans fin d'où finalement rien ne sort, parce que personne ne décide. Entre ces deux caricatures, qu'il est bon d'avoir un lieu où, dans la charité, on peut réellement partager et s'écouter, discuter des points de vue différents sans que ce soit un drame, laisser mûrir une décision qui doit prendre du temps, mais aussi trancher quand on sent qu'il faut le faire.

C'est peut-être là que j'ai senti le plus en profondeur ce ministère de la communion. Nous avions d'ailleurs beaucoup travaillé cette question, si chère à saint Jean-Paul II en particulier. C'est lui qui disait que ce serait la spiritualité du troisième millénaire :

> Faire de l'Église la maison et l'école de la communion : tel est le grand défi qui se présente à nous dans le millénaire qui commence, si nous voulons être fidèles au dessein de Dieu et répondre aussi aux attentes profondes du monde[1].

C'est tout un chapitre de cette lettre apostolique qu'il faudrait citer. Mais en voici encore deux phrases :

> La théologie et la spiritualité de la communion inspirent une écoute réciproque et efficace entre les Pasteurs et les fidèles, les tenant unis *a priori* dans tout ce

1. Saint JEAN-PAUL II, *Novo millennio ineunte*, Lettre apostolique au terme du grand jubilé de l'an 2000.

qui est essentiel, et les poussant, d'autre part, même dans ce qui est discutable, à parvenir normalement à une convergence en vue de choix réfléchis et partagés. Dans ce but, il faut faire nôtre la sagesse antique qui, sans porter aucun préjudice au rôle d'autorité des Pasteurs, savait les encourager à la plus grande écoute de tout le peuple de Dieu[1].

DISPENSATEUR DES SACREMENTS

Le Seigneur nous a confié, à nous, les prêtres, les sacrements de l'Église. Quelle responsabilité ! Vraiment, « ce trésor, nous le portons comme dans des vases d'argile[2] ». Souvent, une question angoissante s'impose à nous, puisque Dieu lui-même nous en fait juges : faut-il être plutôt « larges » pour donner les sacrements ou, au contraire, plus exigeants que nous ne le sommes en général ? Je te livre deux principes qui me guident, dans ce domaine comme dans bien d'autres. D'une part, je constate que Jésus est toujours exigeant, mais jamais sévère. Je te le disais déjà au début de cette lettre. Et, d'autre part, s'il exige tout, l'amour se contente d'un rien. C'est bien simple : celui qui ne renonce pas à tout pour suivre le Christ n'est pas digne de lui[3] mais, pour un simple verre d'eau fraîche, la récompense est promise[4].

Récemment, tu me lisais la lettre d'un confrère, jeune vicaire d'une paroisse rurale. Il te disait son désarroi devant

1. *Ibid.*
2. 2 Co 4, 7.
3. Lc 14, 26.
4. Mt 10, 42.

une famille qui voulait faire baptiser son enfant alors même qu'il n'y avait chez eux ni vie spirituelle ni aucun désir vrai. Il disait même son refus de devoir « tricher » – c'est le mot qu'il employait – avec toutes ces personnes en général qui demandaient des sacrements sans aucun autre motif que de devoir satisfaire une certaine « tradition ». « On fait fonctionner une économie sacramentelle qui tourne à vide car elle ne fait plus de chrétiens. » En me faisant part de cette lettre, tu me disais ton angoisse à toi aussi devant cette question. Je me risque donc à partager avec toi quelques réflexions que cette lettre m'inspire, après y avoir réfléchi de nouveau.

Oh, bien sûr, je sais que la réalité n'est pas la même à Paris et à la campagne. Pourtant, je ne suis pas sûr que la situation y soit au fond très différente. Certes, nous avons la chance, nous autres, d'avoir ici des prêtres nombreux et des paroisses souvent pleines, mais les questions pastorales ne sont pas si éloignées de ce que ton confrère décrit. En ce qui concerne la pratique des sacrements et la question missionnaire notamment.

Tout d'abord, je voudrais te dire à quel point je compatis à cette souffrance ! Quel prêtre n'a pas éprouvé cette angoisse de donner des sacrements à des personnes indifférentes – l'indifférence est parfois pire que l'opposition franche ! Combien de baptêmes avec des gens qui, comme il le précisait, n'ont « ni vie spirituelle ni aucun désir vrai » ? Combien de premières communions qui risquent bien d'être des dernières communions, ou presque ? Combien de communions données le dimanche matin à des personnes qui ont fait n'importe quoi la veille au soir, et qui ne se sont pas confessées depuis des lustres ? Combien de confirmations qui achèvent un cycle de catéchisme, et qui sont comme des diplômes de fin d'études, ou même comme des permissions de ne plus pratiquer le dimanche ? Combien de confessions qui laissent planer un certain doute – quand ce n'est pas un doute certain ! – sur l'authenticité du ferme propos ? Combien de mariages célébrés pour des amoureux qui n'ont aucune idée de ce qu'est un sacrement ?

Je te l'avoue, c'est ma hantise. C'est peut-être l'aspect de ma vie de prêtre qui me coûte le plus. Occasion de cas de conscience terribles. Cette impression de « tricher », comme le dit la lettre de ton ami. Cette impression de « jeter des perles aux cochons[1] »...

Cependant, j'ai tourné la question dans tous les sens sans jamais trouver de réponse : si nous devions refuser des sacrements à certains, comment nous y prendre ? Faudrait-il établir un examen de passage ? Certes, pour le baptême, par exemple, on peut – on doit même – demander aux parents un sérieux engagement à éduquer leurs enfants dans la foi chrétienne. Mais, le dimanche après le baptême, ils ne sont pas là. Ni le dimanche suivant... Comment faire ? Mais qui sait si, justement, la célébration du baptême n'a pas touché une ou deux personnes ? C'est parfois l'occasion d'attraper un poisson. Parfois même un gros ! Autant il m'est souvent arrivé de demander à des

1. Mt 7, 6.

parents qui viennent pour le baptême d'un enfant de quatre ou cinq ans de l'inscrire d'abord à l'éveil de la foi, puis au catéchisme[1], autant je n'ai jamais osé refuser le baptême à des parents qui viennent le demander pour leur petit enfant, même s'ils sont très éloignés de l'Église et de toute pratique.

Car il me semble, pour notre grande humiliation, que la question se pose davantage de notre côté à nous, les pasteurs ! Les ouvriers de la dernière heure ont cette réponse terrible au maître de la vigne qui leur demande pourquoi ils sont là à ne rien faire : « Parce que personne ne nous a embauchés[2] ! » N'est-ce pas nous qui n'avons pas proposé d'embaucher à la Vigne du Seigneur tous ces gens qui se présentaient à nous parce que nous avions jugé qu'ils ne pourraient rien y faire ? Les avons-nous concrètement invités à entrer dans l'Alliance avec l'Époux ? Les avons-nous accueillis avec un cœur large et généreux ? Oui, ils sont loin. Non, ils n'ont pas l'intention de se rapprocher – en tout cas, pas pour le moment. Mais que faisons-nous pour les attirer ? Après un premier rendez-vous dans la paroisse, parfois à l'accueil de l'église ou au secrétariat, après un premier coup de fil, auront-ils le désir de continuer et d'aller peut-être un peu plus loin ? C'est cela qui me hante. Ai-je rendu le Seigneur, l'Église, les sacrements

1. Baptiser un enfant entre 2 et 7 ans n'a jamais beaucoup de sens. Il comprend tout mais ne comprend rien. Pas plus d'ailleurs la famille, totalement étrangère à l'Église. L'enfant est agité, et le premier souvenir qu'il aura de l'Église – où rien n'évoque pour lui quoi que ce soit – sera un monsieur en blanc qui essaie de lui faire couler de l'eau sur la tête et qui dit des paroles incompréhensibles.
2. Mt 20, 7.

désirables ? Ou bien est-ce que ma manière d'accueillir, et donc aussi celle de ma paroisse, a conforté mes visiteurs dans leur indifférence, voire leur hostilité ? S'ils repartent en ayant vu un sourire, expérimenté la « caresse de Dieu » et sa tendresse, s'ils ont trouvé une oreille attentive et s'ils gardent le souvenir d'une communauté paroissiale lumineuse et joyeuse, alors je me dis que nous n'avons pas perdu notre temps.

Une anecdote pour finir sur cette question. Un soir de préparation au baptême, je vois un couple très « éloigné ». Lui ne connaît rien ; elle, est plutôt hostile et fermée. Comme d'habitude, au cours de la soirée, je précise que ce serait bien qu'au moins une personne sur les quatre qui seront interrogées sur la foi qu'elles sont censées proclamer au nom de l'enfant (les deux parents, le parrain et la marraine) puisse répondre « je crois » sincèrement.

Le lendemain, c'est lui qui m'appelle au téléphone.

– Mon père, je n'ai pas osé vous le dire hier soir mais, honnêtement, aucun de nous quatre ne pourra dire qu'il croit. Moi, je n'ai pas la foi, ma compagne – nous ne sommes pas mariés –, vous l'avez senti, est même presque anticléricale. Quant aux parrain et marraine, nous les avons choisis parmi nos amis, mais ils n'ont la foi ni l'un ni l'autre.

– Bien ! Je vous remercie pour votre honnêteté. Mais alors, dites-moi, pourquoi donc demandez-vous le baptême pour votre enfant ?

– Moi, je ne suis pas croyant. Mais mon père a la foi, comme mon grand-père l'avait. Et si mon fils pouvait avoir la foi, je ne voudrais pas être un obstacle pour lui.

– Oh, alors ! L'Écriture dit que le Seigneur n'éteint pas la mèche qui fume encore… Vous m'avez tout l'air d'une mèche qui fume encore un tout petit peu… Je baptiserai donc votre enfant. Mais pourrions-nous trouver quand même un parrain ou une marraine qui pourrait répondre à l'interrogation sur la foi ?

J'ai baptisé l'enfant. Son grand-père, finalement, était le parrain. Tellement heureux et fier. Et j'étais tenté de dire à ce jeune père : « Va, ta foi t'a sauvé… et a sauvé ton fils ! »

Je ne suis pas sûr d'apaiser tes angoisses… Mais je continue de croire, et ça a tendance à s'accentuer avec l'âge, que nous sommes souvent trop exigeants avec les autres, et pas assez avec nous-mêmes.

LE PRÉDICATEUR

Le prêtre pasteur, c'est aussi celui qui enseigne. Et donc aussi celui qui prêche. Je dois t'avouer que j'ai toujours eu beaucoup de joie à exercer ce ministère.

À vrai dire, j'ai commencé bien avant de devenir prêtre. En classe de seconde, déjà, au Collège naval, avec quelques amis, nous avions lancé la prière du soir. Avec un certain succès, car nous étions tous les soirs une grosse cinquantaine, et parfois beaucoup plus. Il y avait là des élèves du lycée, et aussi des classes prépa. Et j'ai commencé à faire régulièrement un petit commentaire de l'Évangile du jour. Je ne sais toujours pas où j'ai trouvé ce culot !… Poussé par l'Esprit Saint, sans doute.

Et puis, j'ai fait une autre expérience décisive un peu plus tard, pendant ma première affectation dans le Pacifique. Bien sûr, nous n'avions pas d'aumônier à bord du bateau sur lequel j'étais embarqué, et lors des longues périodes que nous passions en mer, j'organisais la prière du dimanche, ouverte à tous. Un jour, j'ai demandé conseil à Mgr Michel, dont je t'ai déjà parlé, pour savoir comment m'y prendre. Et quand il m'a dit que je devrais dire un mot à la suite des lectures prévues par la liturgie, je me suis défendu : « Mais, Monseigneur, je n'ai fait que l'École navale. Je n'ai pas fait de séminaire ni aucune étude biblique ! » Il a eu cette réponse : « Et tu n'aurais pas l'Esprit Saint, par hasard ?… » Alors je me suis mis à travailler. Et, chaque samedi, je passais deux ou trois heures à lire les lectures, à parcourir ma bible de note en note, à lire ici ou là les commentaires que je pouvais trouver. Je crois que c'est là que j'ai commencé à apprendre « le métier », et cela me rendait profondément heureux.

Bien sûr, j'ai beaucoup prêché par la suite. Jamais, je l'avoue, de façon très académique, mais en essayant d'éviter deux styles : celui qui consiste à lire son papier (ce qui est souvent très soporifique), et celui qui essaie de « faire des phrases »… mais n'est pas Bossuet qui veut ! Je n'écris pas mes homélies : j'ai besoin de parler en même temps que je pense. Je me rappelle le cardinal Lustiger qui disait : « On est aujourd'hui à l'ère du direct. » Oui, j'en suis persuadé, il faut parler « en direct ». Attention toutefois à ne pas faire une homélie sur le ton d'une conférence. C'est une tendance actuelle, que l'on trouve ici ou là, de parler sur le ton qui est celui de la conférence ou du « topo ». Mais l'homélie doit rester une exhortation, avec son style propre !

Je n'ai donc sous les yeux qu'un schéma directeur, que je ne regarde d'ailleurs que très rarement parce que je l'ai bien enregistré à l'avance. Ce qui suppose bien sûr que l'on sait ce que l'on veut dire. Autrement dit, le travail de préparation est nécessaire, et même essentiel. Tu connais l'histoire de ce jeune prêtre qui veut à tout prix se laisser guider par l'Esprit Saint, et par lui seul. C'est toujours très beau (à ce qu'il croit en tout cas). Un jour qu'il célèbre pour une fête devant une très grande assemblée, il prie l'Esprit Saint dès le début de la messe et jusqu'au moment de proclamer l'Évangile : « Esprit Saint, viens ! Inspire-moi les idées et les mots pour le dire. » Et puis, rien, silence… Une fois le moment venu d'ouvrir la bouche, il supplie encore une fois l'Esprit Saint, mais c'est encore le silence qui lui répond. Alors, perdu, il crie vers le ciel et il entend une voix qui lui dit : « Gros paresseux ! »

En général, j'aime bien m'y prendre plusieurs jours à l'avance. Dès le lundi si c'est pour l'homélie du dimanche. Je lis les textes tous les jours, et je laisse le temps les décanter lentement, pour les assimiler et m'en imprégner. Puis, la veille par exemple, je me mets au travail pour chercher l'idée principale, et ce schéma directeur dont je te parlais. Un père m'avait dit : « Pour une bonne homélie, premièrement, avoir quelque chose à dire, deuxièmement, le dire, et troisièmement, se taire quand on l'a dit. » Après, il faut trouver l'accroche, comment et par où démarrer. Et, tout le long de ce travail, prier, et prier encore.

Mais l'homélie continue de se construire jusqu'au dernier moment : elle pourra évoluer encore en fonction de l'assemblée, des circonstances du jour J, et de beaucoup d'autres facteurs encore. Parce que parler en direct, cela veut dire s'adresser concrètement aux personnes qui sont là. Il faut les toucher, qu'elles se sentent concernées, et il faut que tu les aides à entrer en elles-mêmes, pour que le discours ne reste pas au niveau intellectuel. Il faut toucher leur cœur. Il y a dans les Actes des Apôtres de très beaux exemples d'homélies de saint Pierre ou de saint Paul, en particulier celle de Pierre le jour de la Pentecôte – c'est un modèle du genre !

> Les auditeurs furent touchés au cœur ; ils dirent à Pierre et aux autres Apôtres : « Frères, que devons-nous faire[1] ? »

On dit qu'une bonne homélie ne dure pas plus de sept minutes. Je ne suis pas tellement d'accord avec cette maxime. Certaines homélies sont ennuyeuses dès la deuxième minute, d'autres sont passionnantes encore à la quinzième. Ce qui est sûr, c'est que dès que je vois les regards qui partent dans le vague, ou pire, les têtes qui tombent de sommeil, je sais qu'il faut freiner et s'arrêter d'urgence. Il est même sans doute déjà trop tard… Il ne faut pas oublier non plus qu'il n'y a pas tant de lieux que cela pour toucher les fidèles. Pour beaucoup de chrétiens

1. Ac 2, 37.

« ordinaires », l'homélie du dimanche est la seule nourriture : mieux vaut qu'elle soit un peu consistante !

L'ÉDUCATEUR

L'éducation est bien sûr une des tâches principales du pasteur. Je pense qu'il y a un charisme particulier pour les éducateurs, et tous les pasteurs ne l'ont pas reçu. Tous, d'ailleurs, ne sont pas forcément appelés à exercer ce ministère. Mais la plupart des jeunes prêtres – et c'est ton cas ! – auront à faire cette expérience, même si, bien entendu, l'éducation n'est pas réservée au prêtre. C'est une vocation à laquelle ont répondu d'innombrables saints, prêtres ou non. Comment ne pas évoquer un Don Bosco, une Madeleine Daniélou, un Baden Powel ou, plus proche de nous, un père Jean-Marie Petitclerc ?

Mais le prêtre éducateur a quelque chose de particulier : sa paternité, dont je te parlais dans ma dernière lettre, est appelée à se développer tout spécialement, car l'éducation est un des lieux privilégiés où celle-ci s'exerce. Tâche bénie, essentielle, mais si difficile par les temps qui courent ! D'abord parce que, il faut bien le reconnaître, l'Église est le plus souvent à contre-courant du monde ambiant. Parfois même en totale opposition. Mais aussi en raison des affaires récentes et des cas d'abus graves qui ont touché des prêtres ou des religieux – et des religieuses – en général, particulièrement dans le monde éducatif. Une ombre terrible s'est étendue sur cette magnifique mission. Un soupçon qui fait peur et qui peut en paralyser plus d'un. C'est vrai qu'il faut redoubler de prudence dans ce domaine, mais il ne faudrait pas non plus que, par peur, le prêtre renonce à cette tâche qui est à mon avis plus urgente que jamais. Tu n'as aucune raison d'avoir peur. Tu n'es pas pédophile et, pour peu que tu restes prudent et que tu prennes les dispositions qui sont recommandées désormais – et qui sont même obligatoires pour les confessions par exemple –, il n'y a pas à hésiter.

La mission de l'éducateur, est, je crois, de permettre à un jeune de dire un jour : « Oui, je veux », un « je veux » qui engage toute sa vie sur la route que le Seigneur lui propose et qu'il choisit de suivre librement. Apprendre à un jeune à maîtriser son affectivité et ses sentiments, à discerner, à reconnaître les signes de la présence de Dieu, à développer sa volonté pour choisir le bien et s'y tenir. Seul le Christ rend libre, car c'est la vérité qui rend libre[1]. Mais l'éducateur apprend à un jeune à se rendre disponible, à ouvrir son cœur à cette liberté qui se donne à lui, pour qu'il puisse y répondre par le don de lui-même.

Ce n'est pas le lieu de faire un long développement sur l'éducation. Mais je voudrais te dire simplement deux ou trois choses que j'ai apprises au fil du temps dans ce domaine.

En premier lieu, voici une phrase qui m'a saisi quand je l'ai lue, tout jeune prêtre, et qui est devenue un grand principe d'action éducative pour moi, et pour nous à l'Eau Vive, en général :

> Sans doute jamais comme aujourd'hui, le fait d'éduquer n'est devenu un impératif vital et social à la fois,

1. Jn 8, 32.

> qui implique une prise de position et une volonté décidée de former des personnalités épanouies. [...] Et pour cela, il faut, comme Don Bosco, établir une synthèse entre l'activité évangélisatrice et l'activité éducative[1].

Activité évangélisatrice, pour affermir et ancrer l'espérance des jeunes oppressés par une *culture de mort* désespérante, pour leur rendre la fierté d'une foi droite et sûre, quand tout est relatif autour d'eux, pour susciter enfin dans leur cœur une charité brûlante, capable d'enflammer un monde englouti par l'individualisme.

Activité éducative, pour établir un climat de confiance qui permet de se situer par rapport à des références claires, et découvrir une identité personnelle.

Je pense que, pour un prêtre éducateur, lier les deux est particulièrement important. Combien de grands modèles nous pourrions trouver dans notre histoire ! En revanche, le jour où l'éducation se résume à faire du catéchisme ou des activités purement spirituelles, on ne fait plus de l'éducation. De même, à l'inverse, s'il ne reste plus que des activités « laïques », ou si le patronage devient un club sportif sans aucune référence spirituelle ou religieuse, le prêtre n'a plus rien à y faire.

Il y a aussi ce que j'appelle la « théorie du poteau indicateur ». Nos jeunes vivent en terrain miné, sans disposer de plan. C'est pour eux la source d'une immense angoisse. Être éducateur, c'est un peu comme être un poteau indicateur, qui propose un itinéraire permettant d'atteindre le

---

1. Saint Jean-Paul II, Lettre *Juvenum Patris* à l'occasion du centenaire de la mort de Don Bosco.

but, tout en évitant les pièges. Mais il y a tant de poteaux indicateurs qui, parce qu'ils n'étaient pas fiables, ont entraîné les jeunes sur des chemins de mort ou se sont écroulés dès qu'on a voulu les tester ! Ce qui n'a fait qu'augmenter leur angoisse. Il faut donc s'attendre, quand on se lance dans l'éducation, à être secoué et testé rudement. Parfois longuement. Et c'est seulement si l'on a tenu bon que le jeune pourra finir par lever le nez, lire la direction indiquée et s'y lancer. C'est dur d'être éducateur, tu le sais bien, toi. Beaucoup de prêtres ont renoncé, ou se sont réfugiés dans le rôle de l'accompagnateur spirituel.

Pour aider un jeune à grandir et à mûrir pour devenir libre, il faut lui apprendre l'équilibre affectif et l'harmonie du masculin et du féminin. Je t'ai déjà parlé de ce sujet à propos de la formation des prêtres mais, là, je veux parler de l'éducation en général. Cette question de la maîtrise des sentiments et de la maturité affective est vraiment essentielle. Partout, le monde des jeunes est mixte, mais la mixité n'est enseignée nulle part. Ma conviction est que cela passe par la découverte de l'amitié. L'amitié entre garçons, l'amitié entre filles, mais aussi l'amitié entre garçons et filles. Je crois, moi, à l'amitié entre garçons et filles, pour autant que l'on apprenne justement à maîtriser les sentiments « par le haut ». Je veux dire qu'il ne faut jamais piétiner les sentiments, au risque de les voir se révolter et rendre la vie impossible. Il faut les dépasser, et, pour cela, apprendre à les offrir en permanence, leur interdire d'exciter l'imagination, et les repousser doucement quand ils se manifestent de façon intempestive. Cette question de l'amitié entre garçons et filles est évidemment au rebours de tout ce que le monde peut proposer. On soumet au contraire les jeunes à l'obligation de séduire en permanence, favorisée par la redoutable accélération du monde numérique et du virtuel. Et, là encore, c'est un sujet de terribles angoisses et de blessures qui peuvent laisser des cicatrices d'autant plus douloureuses que, le plus souvent, elles ont été mal soignées. Je pense que nous avons, comme chrétiens et comme prêtres, un rôle particulier et capital à jouer dans ce domaine. Pour encourager, redresser, expliquer, consoler.

Tu sais, pour l'avoir expérimenté toi-même, combien cette préoccupation est au centre de notre action à l'Eau Vive.

Un dernier mot, pour terminer sur ce sujet, à propos de ce que j'appelle la « pédagogie de l'enthousiasme ». Il existe deux défauts, que je rejette autant l'un que l'autre. D'un côté, la « pédagogie du manche à balai » : l'éducateur est raide, il propose une morale rigide et devient vite intransigeant ; le balai, soumis à un effort trop grand, finit par céder, et les éclats peuvent faire très mal. Cette pédagogie casse, ou a cassé, beaucoup de jeunes. De l'autre côté, la « pédagogie de la guimauve » : la guimauve prend la forme de la cuiller avec laquelle on la prend. L'éducateur n'impose rien, ne propose aucun repère. Les jeunes doivent avoir toute initiative et inventer selon leurs désirs : il ne faudrait surtout pas les contraindre. Cette pédagogie-là engendre beaucoup d'angoisse et de désespoir.

Je voudrais, quant à moi, me faire ardent promoteur de la pédagogie de l'enthousiasme. Exigeant et souple à la fois, l'éducateur est devant, il marche « avec ». Il propose une ascension vers les cimes, dans laquelle il s'engage lui-même comme chef de cordée :

> Jeunes de France, […] je voudrais, en cette soirée inoubliable, que nous fassions tous ensemble une ascension, une véritable cordée en direction des sommets à la fois difficiles et tonifiants de la vocation de l'homme, de l'homme chrétien. Je veux en effet partager avec vous, comme un ami avec ses amis, mes propres convictions d'homme et de serviteur de la foi et de l'unité du peuple de Dieu[1].

L'enthousiasme produit toujours des fruits étonnants.

L'ÉVEILLEUR DE VOCATIONS

En accompagnant des jeunes et en exerçant une paternité spirituelle, on est régulièrement amené à parler de la question des vocations. Vocation en général, d'ailleurs, avant même de parler de vocation sacerdotale ou religieuse.

Si j'aborde cette question ici, c'est surtout pour souligner un aspect qui me paraît tout à fait crucial dans le discernement : la liberté. La tentation peut être grande, devant la pénurie très grave à laquelle l'Église d'aujourd'hui doit faire face, de jouer un peu les recruteurs. Souvent, dans mes jeunes années passées à l'Eau Vive, je me disais qu'en m'y prenant bien, et en jouant un tant soit peu sur

---

1. Saint JEAN-PAUL II, Discours aux jeunes de France, Paris, le 1er juin 1980.

la corde sensible, j'en enverrais facilement plusieurs chaque année dans les monastères ou les séminaires. Mais il ne me revient pas – jamais – de suggérer une vocation, encore moins de l'influencer. Pas plus qu'il n'appartient à des parents d'orienter leurs enfants dans la voie qu'ils aimeraient les voir suivre. J'ai dû reprendre un jour assez fermement un jeune prêtre qui me disait : « C'est formidable, votre affaire, on doit pouvoir trouver plein de vocations, ici ! » Ma réponse a été directe : « Ici, ce n'est pas un terrain de chasse. Nous essayons d'aider des jeunes à reconnaître le chemin que Dieu leur propose et de les y accompagner. Mais nous ne sommes pas là pour les orienter selon nos désirs à nous. »

Une chose est de répondre à une question posée (la plupart du temps, d'ailleurs, en posant une autre question, pour aider à éclaircir le chemin et à reconnaître les signes de l'Esprit Saint), pour apprendre à « discerner les esprits[1] », autre chose est de donner une indication en forme de conseil, ou d'entretenir un projet personnel sur quiconque. Autant je pense qu'il faut aider un jeune à se poser la question de savoir ce que Dieu attend de lui et à ne jamais prendre une décision en dehors de son regard, autant il me semble dangereux, pour peu que l'on ait un peu d'influence sur lui, de poser une question trop directe qui risque de l'enfermer.

Apprendre à un garçon, dès l'adolescence, ou même dès l'enfance, à poser cette question : « Seigneur, que veux-tu

1. Cf. 1 Jn 4, 1.

que je fasse ? », et à une fille celle-ci – un peu différente, parce que la vocation de la femme n'est pas la même que celle de l'homme : « Seigneur, que veux-tu faire de moi ? » Faire des topos et des enseignements sur la question de la vocation, oui, bien sûr ! Mais ce n'est pas pareil que de demander à un garçon, seul à seul : « As-tu déjà pensé à être prêtre ? » On peut faire de gros dégâts, surtout quand il s'agit d'un enfant. J'ai rencontré plusieurs fois des jeunes hommes qui n'osaient pas se marier parce qu'ils avaient été ainsi enfermés très jeunes dans une question de ce genre. Ils étaient terrorisés à l'idée de ne pas faire la volonté de Dieu et de lui être infidèles.

Que c'est beau d'accompagner un jeune homme ou une jeune fille vers la pleine réalisation du projet d'amour que Dieu a sur lui ou sur elle ! Et quelle joie pour nous, bien sûr, quand il s'agit de les voir se donner totalement au Seigneur et à son Église ! Et quelle joie encore de les voir choisir des voies très différentes les unes des autres, sacerdotales ou religieuses, contemplatives ou non, dans des ordres très anciens ou dans des communautés nouvelles, très variées spirituellement – chacun sur sa route !

L'HUMILITÉ DU PASTEUR

Je vais terminer cette lettre avec un mot sur l'humilité, une vertu capitale pour le pasteur. C'est tellement difficile de parler de l'humilité ! Il le faut bien, pourtant, sans jouer les faux timides… Car « l'humilité est aux vertus ce que la chaîne est au chapelet : ôtez la chaîne, et tous les grains s'en vont ; ôtez l'humilité et toutes les vertus disparaissent », disait le Curé d'Ars.

« On est vraiment soi-même dans l'oubli de soi-même », disait la sainte Mère Teresa. Rien, à mon avis, ne dit mieux ce qu'est l'humilité. Marie, en recevant l'ange Gabriel qui entre chez elle, est toute bouleversée de la salutation qu'il lui adresse : « Je te salue, Comblée-de-grâce, le Seigneur est avec toi[1]. » Elle est bouleversée parce qu'elle se demande ce que signifie cette salutation, elle qui s'ignore totalement elle-même. C'est vraiment ce qui caractérise la Vierge Marie : elle ne s'est jamais regardée elle-même. Elle ne connaît que Dieu son Père, sur qui elle a le regard fixé perpétuellement. Elle est « vide d'elle-même ». Pour accueillir la grandeur infinie du Verbe de Dieu, il faut que son humilité infinie creuse en elle une place illimitée. Rien, en elle, pour ternir la présence de Dieu en elle.

Je pense que le meilleur moyen d'échouer sur le chemin de l'humilité, c'est de chercher à être humble ! Ceux qui travaillent à devenir humbles sont sûrs de ne pas y arriver. Car ou bien ils ont l'impression de le devenir – et c'est forcément un regard complaisant sur eux-mêmes, et donc de l'orgueil –, ou bien ils sont persuadés de ne pas progresser, et ils se lamentent de ne pas être à la hauteur de ce qu'ils voudraient être – et c'est encore de l'orgueil ! C'est donc une voie sans issue.

Le chemin de l'humilité, me semble-t-il, est dans la fidélité à l'instant présent, les yeux fixés sur Dieu, en faisant de sa volonté sa nourriture quotidienne. Cela veut

---

1. Lc 1, 28.

dire, finalement, la fidélité au devoir d'état, rien de plus, et rien de moins.

Il est aussi dans l'acceptation des humiliations – tant il est vrai qu'il faut beaucoup d'humiliations pour faire un peu d'humilité, si l'on en croit sainte Bernadette. Le pape François a fait une très belle méditation sur l'humiliation que David a acceptée parce qu'il s'en était remis à Dieu[1]. Il la conclut en disant : « Si tu n'es pas capable de supporter une humiliation dans ta vie, tu n'es pas humble. C'est ainsi : je dirais que c'est si mathématique, si simple ! » Et il ajoute : « L'unique voie pour l'humilité est l'humiliation. » Il dit cela parce que Jésus, Fils de Dieu, qui s'humilie lui-même et qui accepte toutes les humiliations, est la route de la sainteté. Jésus l'a dit maintes fois, et de maintes manières : « Quiconque s'élève sera abaissé ; et qui s'abaisse sera élevé[2]. » Chaque fois que je suis susceptible et que je réagis un peu vivement à une remarque ou à une critique, je me dis qu'il y a encore une certaine marge de progrès ! Accueillir patiemment les corrections, les conseils, tout cela compte beaucoup. C'est encore la richesse d'un conseil pastoral, ou de la vie fraternelle. Quand elle est vraiment fraternelle !

Laisse-moi te raconter une correction qui m'a beaucoup marqué. Nous rentrions de Strasbourg, avec un groupe des aînés de l'Eau Vive, où nous nous étions rendus pour rencontrer Jean-Paul II. C'était en octobre 1988. Le repas du

1. Pape François, Homélie du matin à Sainte-Marthe, le 1er février 2016 (commentaire de 2 Sa 16, 5-14).
2. Lc 14, 11.

dimanche était joyeux, tout au commentaire de ce que nous avions vécu la veille au stade de la Meinau. Après le déjeuner, le père de Monteynard m'attire à part dans un coin, et me dit simplement : « Attention, frère François, on t'entend trop. » J'ai bien conscience de ne pas avoir encore réussi à me corriger tout à fait, mais je pense encore très souvent à cette remarque.

La voie de l'humilité passe aussi par la patience envers soi-même. La patience envers ses propres fautes. Tomber régulièrement dans les mêmes travers, les mêmes péchés, c'est douloureux. La confession fréquente et sincère nous apprend à nous humilier simplement devant Dieu, mais aussi devant un prêtre, pauvre homme pécheur comme nous. J'ajouterai que pour nous, prêtres, recevoir les confessions est aussi un beau chemin d'humilité. Certaines confessions sont bouleversantes de vérité et d'humilité. Souvent, je me dis intérieurement : « Prends-en de la graine ! » Et puis, il y a des péchés qui sont humiliants pour nous. Ceux que l'on aimerait taire, que l'on aimerait ne pas avoir commis. Je me suis aperçu à ce sujet que c'est très humiliant, d'être orgueilleux, et d'être obligé de le reconnaître. J'aimerais tellement être un humble prêtre… Finalement, je m'émerveille de ce que Dieu se sert de tout, y compris de nos péchés, pour peu qu'on les confesse, pour nous sanctifier !

Autant il faut connaître ses qualités, autant il faut savoir reconnaître ses limites. On n'est pas bon partout, et on a aussi des défauts. Humblement, il faut accepter qu'on nous les fasse remarquer, d'une manière ou d'une autre, et nous mettre à l'ouvrage pour développer les unes et tenter d'atténuer les autres.

Si je te parle ici d'humilité, c'est parce qu'il me semble que c'est la vertu entre toutes que le pasteur doit demander, et dans laquelle il doit grandir. Parce que le Seigneur nous a donné du charisme – je connais les tiens ! – et qu'il nous arrive de réussir parfois de belles choses. Les talents que tu as reçus ne sont pas faits pour être enterrés. Car ils ne sont pas pour toi ! Évidemment, développer les charismes et exercer les talents fait que l'on s'expose. Aux félicitations comme aux reproches. Aux jalousies aussi, c'est fatal. Terriblement triste, mais c'est ainsi. Puissions-nous tout accueillir avec la même sainte indifférence. Tu connais cette histoire de la dame qui félicite le prêtre qui vient de prêcher ?

– Ah, mon père, votre homélie était une merveille !

– Je sais, Satan me l'a déjà dit.

Mgr Boccardo, qui était longtemps chargé de l'organisation des voyages de saint Jean-Paul II, nous racontait que le saint pape ne commentait jamais les événements qui venaient de se dérouler. Dans l'hélicoptère qui le ramenait de Sainte-Anne-d'Auray, en 1996, après une mémorable rencontre avec les familles, pendant que les évêques et cardinaux s'émerveillaient de la ferveur de l'après-midi, lui se calait dans son fauteuil, disait son chapelet et son bréviaire, puis prenait un livre de théologie. Et faisait encore son chemin de croix en arrivant chez les sœurs où il logeait.

Je passe ma vie, en paroisse, à demander que l'on ne compte pas. Et que l'on ne mesure pas un succès à ce qui se donne à voir immédiatement. On me dit : « Regardez, mon père, c'est formidable, l'église est pleine ! » C'est vrai. Mais s'il peut y avoir cinq cents personnes ici, il y en a des milliers dans le quartier, qui ne connaissent rien de Dieu et encore moins de Jésus. Et nous avons pour mission de le leur faire connaître ! Dieu ne regarde pas au nombre, ni même au succès d'une entreprise. Il ne voit que la ferveur avec laquelle nous nous sommes dépensés à sa vigne. Les efforts déployés pour retourner, planter, arroser, récolter. Les résultats ne nous appartiennent pas. Attention à la théologie de la prospérité, qui nous laisserait croire que l'on mesure la bénédiction de Dieu à la croissance numérique d'une paroisse ou d'une association. Mais le Seigneur ne regarde pas ainsi. Le cultivateur qui s'applique et persévère sur une terre caillouteuse et aride en Provence n'aura pas les mêmes rendements que celui de la Beauce. Mais lequel des deux aura le plus grand mérite ? Certains saints se sont battus toute leur vie dans une paroisse désespérément vide, mais avec un dévouement, une charité et une persévérance admirables.

Le Christ lui-même a attiré à lui de grandes foules avant de mourir lamentablement, cloué au bois de la croix, entre deux brigands. Il n'a pas converti ceux qui l'ont condamné. Et Marie pleure, mais elle est debout. Dans la foi pure et la confiance inébranlable en la promesse. Elle demeure à jamais le modèle de cette humble confiance qui ne regarde que la miséricorde se déverser du Cœur ouvert par la lance.

Dieu ne regarde pas selon l'apparence, lui. La fécondité réelle de nos travaux reste le secret de Dieu, et cela nous est caché le plus souvent précisément pour nous préserver de l'orgueil. « C'est par votre persévérance que vous garderez votre vie[1]. »

Je te souhaite un grand courage dans ton ministère. Et demeurons en grande communion !

Avec la grande affection que tu sais, à toujours.

PF+

---

1. Lc 21, 19.

7

Le prêtre, homme de prière

Mon cher Benoît,

La prière ! La grande affaire de notre vie ! Aussi douce et délicieuse qu'aride et douloureuse à certaines heures !

> Je veux voir Dieu, le voir de mes yeux,
> joie sans fin des bienheureux, je veux voir Dieu !

Ce canon est un grand classique. Tiré du livre du bienheureux père Marie-Eugène de l'Enfant-Jésus, dont le titre est justement *Je veux voir Dieu.*

Une phrase de saint Jean l'Évangéliste m'enchante, et j'y reviens très souvent :

> Bien-aimés, dès maintenant, nous sommes enfants de Dieu, mais ce que nous serons n'a pas encore été manifesté. Nous le savons : quand cela sera manifesté, nous lui serons semblables car nous le verrons tel qu'il est[1].

Nous le verrons tel qu'il est. « Je le verrai, moi en personne[2] », dit encore Job.

Le voir, le voir face à face. Souvent, je pense à ce jour béni où je passerai les portes du ciel. Je serai conduit par les anges dans la salle du trône. Et là, je le verrai, lui que

1. 1 Jn 3, 2.
2. Jb 19, 27.

j'aurai passé ma vie à chercher. Il est mon père, il ouvrira ses deux bras de miséricorde, et me serrera contre Lui. À condition que je sois redevenu comme un petit enfant, et que je me laisse aimer :

> Dieu, tu es mon Dieu, je te cherche dès l'aube : mon âme a soif de toi[1].
> Comme un cerf altéré cherche l'eau vive,
> ainsi mon âme te cherche toi, mon Dieu.
> Mon âme a soif de Dieu, le Dieu vivant ;
> quand pourrai-je m'avancer, paraître face à Dieu[2] ?

On pourrait multiplier les citations de l'Écriture qui disent ce désir, cette soif de voir Dieu. Voir Dieu, c'est le but de la vie. Il n'y en pas d'autre ! Et la prière, c'est anticiper cette union à Dieu, de ce côté-ci de la tombe. C'est la vision dans l'obscurité de la foi.

LA VIE DE PRIÈRE

Avant même de parler de la vie de prière, il faudrait parler de la vie intérieure. Du recueillement. Comme c'est difficile, dans l'agitation du monde ambiant, de garder cet esprit de recueillement ! C'est pourtant bien nécessaire, et pour nous autres, les prêtres, *a fortiori*. Je me rappelle une remarque de mon père, alors que, tout jeune prêtre encore, j'arrivais chez mes parents un dimanche soir pour une pause de quelques heures. « Tiens, les jeunes prêtres sont bien agités, ces temps-ci ! »

1. Ps 62, 2.
2. Ps 41, 2-3.

Voici encore une anecdote que je ne peux pas oublier. C'était à Paris, quelques jours avant Noël, et je courais de commerce en commerce, à la recherche d'une minicassette pour un dictaphone. Passant devant un grand magasin, je descends quatre à quatre vers le rayon *ad hoc* et, apercevant une vendeuse, je lui demande où je pourrais trouver l'objet en question :

– Bonjour, monsieur, me dit-elle.

– Oui, vous savez, je cherche une minicassette…

– Bonjour, monsieur.

– Oui, je cherche…

– Bonjour, monsieur.

– Euh, bonjour, madame. Je cherche…

– Vous le trouverez dans le rayon là-bas.

Ouf ! En allant chercher ma fameuse cassette, je me dis que je ne peux pas ne pas y revenir. Je prends donc mon courage à deux mains :

– Madame, je voudrais vous demander pardon et vous remercier. J'enseigne en permanence que la vraie question, c'est de savoir si on est capable de dire bonjour et merci à la caissière. Je suis bien attrapé moi-même.

– Mon père (elle avait parfaitement repéré à qui elle avait affaire), si vous, les prêtres, vous lâchez, nous, nous sommes fichus !

Je peux te dire que j'ai retenu la leçon !

Mais quelle bataille pour rester accroché au présent ! Comment parler de vie de prière si on n'est pas d'abord présent à la vie ? Tendu vers l'éternité. Tant de nos contemporains, au début de la semaine, sont encore dans le week-end passé, et dans le suivant à partir du mercredi… L'amour n'est jamais au passé ni au futur. L'amour ne peut être vrai qu'au présent ! Dieu est là, dans l'instant présent. Il me regarde, il m'aime.

Au fond, c'est toute la difficulté. Demeurer auprès de lui. En lui. Pour qu'il demeure en nous. Et si l'on veut garder un peu cette présence de façon habituelle au milieu de nos occupations quotidiennes, il faut bien réserver certains moments d'oraison, pour lui seul. Un peu comme des époux qui ont besoin, pour maintenir la ferveur de l'amour, de se garder des moments pour eux tout seuls. À chacun sa mesure et son rythme. La spiritualité carmélitaine recommandera de longues plages d'oraison, quand celle de saint Benoît proposera plutôt des moments plus brefs mais fréquents.

Je déteste l'expression que l'on entend parfois : « La prière, ça marche ! » Mais non, ça ne marche pas, la prière. Ce n'est pas fait pour ça ! La prière, c'est une histoire d'amour, pas de marchandage ! Ce serait terrible. Dire cela, je pense que c'est commettre une infidélité grave au commandement qui interdit de mettre Dieu à l'épreuve. « Tu ne mettras pas à l'épreuve le Seigneur ton Dieu[1]. » C'est ce qui est éprouvant dans la prière : elle est purement gratuite. Le temps brûlé pour Dieu « ne sert à rien ». Et quand on a si peu de temps, il nous en coûte d'en donner. Mais c'est précisément ce qui en fait le prix ! L'amour est gratuit, ou bien il n'est pas !

---

1. Lc 4, 12.

Pardonne-moi, tu sais tout cela évidemment par cœur. Mais si la chose est relativement facile – évidente en tout cas – pour des prêtres jeunes, elle l'est moins dans le feu des responsabilités et de l'action. Un père me disait autrefois : « Un séminariste fervent, c'est normal. Un vieux prêtre fervent, c'est beau. Mais un prêtre fervent alors qu'il est aux affaires, c'est de la sainteté. » Je pense que c'est très vrai.

Deux choses, je crois, peuvent nous aider grandement à entrer dans cette gratuité. L'adoration du saint sacrement d'abord. Le face-à-face silencieux devant l'Eucharistie est si précieux. Dieu est présent, il est vivant. « Il est là », disait le Curé d'Ars aux enfants du catéchisme en désignant le tabernacle. Dans ma paroisse précédente, nous avions mis en place l'adoration permanente, quatre jours et quatre nuits toutes les semaines. Comme c'est puissant ! Beaucoup de paroissiens ont réellement découvert le trésor de l'adoration, et progressé dans la foi en la Présence réelle. Pour le curé, c'est un soutien inestimable de sentir cette communauté priante et adorante. Et c'est beau de voir de nombreuses personnes qui s'arrêtent ainsi dans la journée, quelques minutes, pour reprendre souffle auprès du Souffle. Pour réajuster leur vie sur celui qui est la Vie.

La seconde chose qui peut nous aider, c'est multiplier les actes d'adoration intérieure, les retours à Dieu au cours de la journée. Et, si on y est attentif, on s'aperçoit que, régulièrement, l'Esprit Saint se signale par ce « murmure d'un silence ténu[1] » qui frappe délicatement à la porte de notre âme. Si notre âme est attentive, elle se tourne instantanément vers le Seigneur et répond à l'appel par un « clin d'âme ». Mais il suffit de peu pour manquer cet appel et continuer à vaquer à nos occupations comme si de rien n'était. Et l'on peut passer ainsi parfois une journée entière sans presque avoir même pensé à Dieu.

Pour être plus réceptif à ces appels de la grâce, il faut bien quand même ralentir un peu le rythme. Ou au moins ralentir dès que l'on peut ménager une pause, même brève. Je me rappelle, pendant le long stage monastique que j'ai pu faire pendant mon noviciat à l'abbaye de Lérins, avoir demandé au père prieur qui m'accompagnait à quoi servaient ces moments nommés intervalles entre deux activités. Parfois jusqu'à quinze ou vingt minutes. N'était-ce pas un peu du temps perdu ? « Oh ! malheureux ! me dit-il, c'est le secret du rythme de la vie : il faut pouvoir reprendre souffle. Et c'est un privilège de la vie monastique que de le permettre plus largement. »

L'essentiel, finalement, c'est donc d'offrir du temps à Dieu pour lui permettre de nous aimer. Se laisser aimer : je crois que c'est cela, la plus belle prière. La plus grande preuve d'amour. Aimer, on essaie, et on y arrive parfois un peu. Mais se laisser aimer, c'est bien autre chose ! Quand j'aime quelqu'un, je voudrais qu'il soit pleinement lui-même. Or, jamais on n'est davantage soi-même que quand

1. 1 R 19, 12. J'aime cette traduction qui parle du « murmure d'un silence ténu », plutôt que du « murmure d'une brise légère », qu'avait perçu Élie à l'entrée de la caverne, à la montagne de Dieu.

on aime. Mais pour que tu puisses aimer, toi, il faut que je me laisse aimer, moi. Aimer, c'est s'abandonner à l'amour de l'autre. Sans résistance, sans chercher autre chose que permettre à l'autre de demeurer en moi. Je crois que c'est le dernier secret de l'amour, la clé. Se laisser aimer, je pense que c'est la plus belle prière ! Quand je m'agite dans une prière où je n'arrive pas à grand-chose, je me dis que le Seigneur cherche seulement des âmes qui se laissent aimer par lui.

En réalité, c'est le Seigneur lui-même qui nous apprend cela. Depuis des siècles et des siècles, on savait que Dieu nous aimait. Qu'il aimait son peuple, choisi entre tous les peuples. Mais la révélation inouïe, avec le mystère de l'Incarnation, c'est que, pour nous apprendre à aimer et à sortir du péché, Dieu s'est manifesté comme fait celui qui se laisse aimer. Vulnérable et fragile comme le nourrisson qu'il est à Bethléem, et plus fragile encore au Calvaire. Cadavre entre les bras de sa mère. Et le comble, c'est sa vulnérabilité dans l'Eucharistie ! Il accepte d'être exposé au monde comme un morceau de pain. C'est là qu'il prend tous les risques ! Je t'ai déjà parlé de l'amour exposé, mais j'y reviens ici. Devant l'Eucharistie, je peux me prosterner et adorer. Mais je peux aussi me moquer de lui, le piétiner. Ou l'oublier dans l'indifférence. Je me souviens d'un jour où, en me promenant, je suis entré dans une petite église de campagne. En m'approchant de l'autel, j'ai remarqué que le tabernacle était entrouvert. En regardant de plus près, j'y ai trouvé un ciboire tout oxydé, et, dedans, deux hosties oubliées là, complètement moisies. J'ai frémi.

Et j'ai compris un peu plus ce que voulait dire « amour exposé » : amour qui se laisse aimer. Si Dieu se laisse aimer jusque-là, c'est pour m'apprendre à aimer comme lui. Les saints qui ont traversé de grandes nuits de la foi ont peut-être éprouvé cela : se sentir oubliés. Pour rien. Pour aller au bout de l'amour.

Dans un livre d'entretiens avec saint Jean-Paul II, Vittorio Messori l'a interrogé sur sa prière personnelle[1]. Après un développement théologique sur le sujet, le journaliste revient à la charge et lui pose de nouveau la question, en lui demandant une réponse plus personnelle. Je cite de mémoire la réponse du pape : « Que se passe-t-il quand le pape prie ? Je ne sais pas. Il faudrait demander à l'Esprit Saint. Je pense que dans sa prière, il doit y avoir ceci et cela… » Quelle extraordinaire réponse ! À la limite, ce que fait l'Esprit Saint en moi pendant la prière ne me regarde pas. Je m'efforce de mettre mon âme à sa disposition, je veille à ce que personne n'entre pendant qu'il est là, et je le laisse faire son œuvre en moi…

Rude combat de la fidélité quotidienne à l'oraison et au bréviaire. Oui, la fidélité au bréviaire est importante. C'est toi, Benoît, qui me parlait d'une étude qui montrait qu'une grosse proportion (j'oublie toujours les chiffres) de ceux qui abandonnaient le ministère avaient déjà, depuis plus ou moins longtemps, abandonné le bréviaire.

Évidemment, pouvoir célébrer les Heures en paroisse ou en communauté est une chance. Si l'on est seul, il y a

1. Saint Jean-Paul II, *Entrez dans l'Espérance*, avec la collaboration de Vittorio Messori, Paris, Plon-Mame, 1994.

une vraie difficulté pour l'office de Vêpres : les offices des Lectures et des Laudes peuvent facilement êtres dits le matin, et celui du milieu du jour trouve naturellement sa place autour du déjeuner – mais la fin d'après-midi est souvent très chargée dans la vie en paroisse. Il m'arrive donc assez souvent de dire les Vêpres en début d'après-midi. Je triche un peu, certes, mais je préfère cette solution à celle qui consiste à dire Vêpres et Complies ensemble, à des heures souvent très tardives.

Encore un mot sur le bréviaire, pour te confier ce que m'avait appris un de mes pères : il avait l'habitude, même quand il disait son office seul, de se lever pour dire les cantiques évangéliques, celui de Zacharie à Laudes, de Marie à Vêpres, et celui de Siméon à Complies. J'ai essayé d'adopter moi-même cette manière de faire et, même si ce n'est qu'un détail, j'y trouve une aide pour rester attentif à ce que je fais.

Je veux enfin te dire un mot des intentions de prière que, mille fois par jour j'imagine, on te confie à toi comme à moi. Je ne sais pas comment tu t'y prends pour les garder toutes… Impossible, bien sûr, de nommer tout le monde pendant l'oraison ! Pour ma part, j'ai mon petit livre des intentions personnelles, dans lequel je garde ces personnes ou ces intentions qui me sont recommandées. Et je les dépose régulièrement devant la Vierge Marie. Elle m'en redonne une de temps en temps, que je garde en surface plus que les autres. Mais c'est elle qui en assure la garde.

LA LITURGIE

La célébration eucharistique est évidemment au cœur du cœur de notre vie de prêtres. Nous aimons tellement la messe ! Et nous aimons aussi la célébrer. Je t'en conjure, quelles que soient les circonstances de temps ou de lieu – dans une cathédrale ou en camp scout –, les assemblées – nombreuses ou très petites –, les rites – ordinaire ou extraordinaire –, ou quoi que ce soit d'autre, soigne la célébration de la messe. Chaque messe est unique et le Christ s'y rend réellement présent. « Si l'homme connaissait bien ce mystère, il mourrait d'amour », disait le Curé d'Ars. Tout ce qui se rapporte à la messe ne peut pas souffrir d'à-peu-près. Nappe et linge d'autel doivent être propres et repassés, les vases sacrés, astiqués et impeccables, les livres, dignes, les ornements, appropriés, etc. Et, je t'en supplie, prends ton temps : il n'y a rien de pire que de sentir un prêtre pressé qui débite son affaire, apparemment déjà ailleurs. Que tout soit beau, irréprochable pour ce qui dépend de toi.

N'avons-nous pas été touchés par des prêtres qui nous ont édifiés par leur façon de célébrer ? Ceux qui sont restés des modèles précieux pour moi – je peux les citer : il y en a cinq en tout, parce que c'est très rare – avaient ceci de tout à fait unique : si le Christ était apparu sur l'autel pendant qu'ils célébraient, ils n'auraient pas changé le ton de leur voix ni leur manière de se tenir. On me demande parfois comment bien célébrer la messe. Je n'ai qu'une réponse : prie ! Que tes gestes, ta voix, tes yeux, ton visage et tout ton corps, que tout renvoie au « dedans ». Les chants, l'orgue, le décor, tout doit conduire au silence et à l'intériorité. Si la musique ne me conduit pas au silence, qu'elle se taise ! *Idem* pour les cantiques.

Oui, célèbre « par le dedans ». Je ne peux pas te dire mieux. Tu ne parles pas à une foule, tu n'es pas un super animateur, tu ne fais pas du théâtre, pas plus que tu ne récites une prière. Tu offres à Dieu le sacrifice saint et unique :

> Recevez l'offrande du peuple saint. Ayez conscience de ce que vous ferez, imitez dans votre vie ce que vous accomplirez par ces rites et conformez-vous au mystère de la croix du Seigneur.

Ce sont les paroles que l'évêque a prononcées en nous remettant le calice et la patène ! Folie ! C'est vertigineux.

Je te parlais l'autre fois des vocations que l'on peut éveiller ici ou là. C'est sûr que la façon qu'ont les prêtres de célébrer peut marquer profondément – ou non ! – les jeunes, comme nous l'avons été nous-mêmes autrefois. Qu'il le veuille ou non, le prêtre est regardé et sa prière guide celle des fidèles. Mais restons bien attentifs à ne pas nous mettre en avant ni faire une démonstration. C'est pourquoi j'insiste : prie quand tu célèbres. Entre au-dedans. Parle au Christ et à son Père, *basta* !

On parle souvent du sens du sacré. Je préfère, quant à moi, parler du mystère. Parce qu'il existe aussi un certain danger à rester au niveau du sacré, sans pénétrer dans le mystère. Pendant les années que j'ai passées à Saint-Eugène – Sainte-Cécile, je célébrais les deux formes du rite latin, ordinaire et extraordinaire. La nuit de Noël était un moment particulièrement significatif. Nous commencions par la messe en français. Messe pleine de ferveur, avec des tas de petits enfants. Nous les emmenions en procession vers la crèche, tout le monde chantait à tue-tête les cantiques traditionnels. On s'embrassait chaleureusement à la sortie – bref, un moment de communion joyeuse et intense. Après une pause très brève, nous enchaînions avec la messe selon l'ancien missel[1]. Changement de décor, d'ornements. Procession solennelle avec orgue et trompette… Et la veillée commençait : c'était la chorale qui chantait des Noëls en polyphonie. Le premier quart d'heure était terrible pour moi. Je bouillais intérieurement : cette pompe me fatiguait et m'effrayait, après la simplicité de la messe précédente. Et puis je me raisonnais et, finalement, j'entrais dans la prière. C'était effectivement magnifique, vraiment. La liturgie était soignée, l'assemblée, recueillie et silencieuse. Et des paroissiens me remerciaient à la sortie : « Ah, monsieur l'abbé, ça, c'est une vraie messe ! » J'ai beaucoup médité sur tout cela. Il y a deux dangers : le premier, c'est d'avoir une chaleur humaine telle que l'on oublie le mystère de la présence réelle de Jésus dans l'Eucharistie. Et le second, c'est d'avoir un tel sens du sacré que l'on risque de rester attaché au décor, sans pénétrer dans le mystère. Dans les deux cas, le risque est grand de passer à côté de ce qui se joue dans la

---

1. La notion de « forme ordinaire » ou « extraordinaire » n'a été introduite que plus tard, par le pape Benoît XVI, dans son *motu proprio Summorum pontificum* de juillet 2007, au moment où je quittais la paroisse.

messe, si l'on n'insiste pas pour une vraie formation des fidèles.

J'aime la liturgie dans la mesure où elle m'aide à prier et à entrer dans le silence de la Présence. Peu importe le rite, finalement, c'est surtout une question de culture. Pourvu que le prêtre et l'assemblée communient réellement dans la même contemplation du mystère célébré.

LES DÉVOTIONS

Les dévotions, populaires ou non, ont, elles aussi, toute leur place. Néanmoins il faut être attentif à ne pas les multiplier excessivement. Certaines personnes auraient un peu tendance à se noyer dans les dévotions... Elles sont importantes et souvent vénérables, mais il faut qu'elles restent à leur place.

Parmi toutes les dévotions et les prières diverses, je retiens en premier la prière du chapelet. Elle a été recommandée avec tant de constance et d'insistance par tous les papes du XXe siècle – quand ce n'est pas par la Vierge Marie elle-même, à Lourdes ou à Fatima par exemple – que ce serait tout de même un peu présomptueux de ne pas s'y attarder un peu. Saint Jean-Paul II a souvent dit du chapelet que c'était sa prière préférée. Il y a consacré aussi, en 2002, une magnifique lettre apostolique, *Rosarium Virginis Mariæ*, dans laquelle il exhorte les chrétiens à adopter cette prière avec confiance et fidélité. C'est par cette lettre aussi qu'il donnait à l'Église les mystères lumineux, enrichissant ainsi la méditation sur la vie de Jésus à travers le regard de l'Immaculée.

Personnellement, je trouve beaucoup de joie dans la récitation du chapelet. Et davantage encore en vieillissant. La méditation des mystères est inépuisable, et j'ai l'impression de parcourir ainsi l'Évangile régulièrement. C'est comme une sorte de climat qui se fait et dans lequel je me sens plongé peu à peu plus profondément. Je n'oserais pas dire que je suis absolument attentif sans cesse à chaque mystère. La prière se fait parfois plus instinctive. Mais tant qu'à acquérir des réflexes, autant que ces réflexes soient bien orientés ! Une comparaison me parle : quand ma grand-mère ou ma mère m'offraient un pull, je savais bien qu'elles avaient tricoté parfois en parlant avec quelqu'un ou même en regardant une émission de télévision. Et pourtant elles ne mentaient pas quand elles me disaient qu'elles avaient prié pour moi sur chaque maille… J'aime dire mon chapelet devant un grand paysage de montagne ou de mer. Dans une petite chapelle ou dans une cathédrale. Mais aussi dans le métro, dans la rue entre deux courses, dans l'ascenseur…

Le chapelet est donc aussi un moyen puissant de garder présentes à l'esprit et d'offrir les nombreuses intentions que l'on nous confie et que nous voulons porter auprès du Seigneur, par le cœur de Marie. C'est pour toutes ces raisons que je ne saurais trop te recommander, si c'était nécessaire, de demander la grâce d'être fidèle toi aussi à cette belle prière, adoptée avec amour par tant de saints.

C'est encore saint Jean-Paul II qui nous a fait découvrir la dévotion à la divine miséricorde, le message confié par Jésus lui-même à sainte Faustine. Il disait lui-même, à la fin de sa vie, que ce message de la divine miséricorde dessinait l'image, comme un fil rouge, de tout son pontificat. Le pape émérite Benoît XVI, après lui, a encore développé ce thème, repris enfin par le pape François avec tant de conviction qu'il a voulu en particulier le jubilé de la miséricorde en 2015-2016, qui a eu un retentissement immense dans toute l'Église. Jusque-là encore un peu regardé par certains comme une « dévotion polonaise », le message de la miséricorde a commencé à imprégner la vie de presque tous les chrétiens. Un peu comme la dévotion au Sacré-Cœur de Jésus a marqué la spiritualité de l'Église à partir du XVIIe siècle, avec les apparitions à sainte Marguerite-Marie Alacoque à Paray-le-Monial, celle de la divine miséricorde marquera profondément la spiritualité de l'Église au passage du second au troisième millénaire.

Notre humanité, inquiète et fatiguée, désespérée même souvent, enfermée dans une culpabilité qui ne veut pas s'avouer mais qui paralyse terriblement, a tellement besoin de ce regard de miséricorde ! Un regard qui non seulement n'écrase pas, mais qui vient relever comme par en bas. C'est Christian Bobin qui a eu cette intuition géniale d'appeler le Très-Haut « le Très-Bas[1] ». La miséricorde se présente comme ce torrent, ce flot d'amour jailli du cœur du Christ, ce surcroît d'amour qui emporte tout. « Là où le péché a abondé, la grâce a surabondé[2]. »

Dans les paroisses que l'on m'a confiées, j'ai intronisé le tableau de Jésus miséricordieux pour l'offrir à la

1. Christian BOBIN, *Le Très-Bas*, Paris, Gallimard, 1995.
2. Rm 5, 20.

vénération des fidèles, comme Jésus l'a demandé à sainte Faustine. J'ai aussi répandu, autant que je l'ai pu, la pratique du chapelet de la divine miséricorde, ainsi que la dévotion de l'heure de la miséricorde[1]. Et, enfin, à côté de l'invocation célèbre « Ô Marie, conçue sans péché, priez pour nous qui avons recours à vous » que la Vierge a confiée à sainte Catherine Labouré à la rue du Bac avec la médaille miraculeuse, l'invocation recommandée par Jésus à sainte Faustine, « Jésus, j'ai confiance en toi ! », est devenue courante autour de moi. C'est si beau, de redire sans cesse au Seigneur la confiance que l'on place dans sa miséricorde !

Je pourrais te parler longtemps de cette dévotion à la divine miséricorde. J'aimerais que tous les prêtres deviennent de fervents missionnaires de cette spiritualité ! Encore une fois, je voudrais insister parce que, à mon sens, elle répond si justement à la grande attente de notre monde. Si nous en avions un jour l'occasion, ce serait magnifique d'aller ensemble à un congrès de la miséricorde. J'ai pu m'y rendre plusieurs fois, tant à des congrès mondiaux qu'à des congrès nationaux, et j'y ai trouvé chaque fois des trésors de ferveur et de consolation, avec une expérience magnifique du peuple de Dieu dans la richesse de sa grande diversité.

1. Jésus parle à sœur Faustine à ce propos : « Essaie à cette heure-là de faire le chemin de croix autant que tes occupations te le permettent ; mais si tu ne peux pas faire le chemin de croix, entre au moins un moment à la chapelle et célèbre mon Cœur qui est plein de miséricorde dans le Très Saint Sacrement ; et si tu ne peux entrer à la chapelle, plonge-toi dans la prière là où tu te trouves, ne serait-ce que pour un tout petit moment » (*Petit journal*, 1572).

Je pourrais te parler encore de plusieurs autres pratiques de dévotions, mais je vais malgré tout m'arrêter là sur ce sujet pour ne pas trop me disperser. Laisse-moi te dire tout de même la richesse inépuisable que je puise dans la méditation du chemin de croix. Je pense qu'il faut beaucoup encourager les fidèles à cette pratique, peut-être un peu délaissée malheureusement dans nos temps modernes.

LES PÈLERINAGES

Les pèlerinages ont toujours été pour moi de grandes sources d'énergie spirituelle. Les pèlerinages paroissiaux sont en général des moments d'intense ferveur.

Il y en a de courts, d'une demi-journée à deux ou trois jours. De plus longs, d'une semaine ou plus. Des proches (traversée de Paris ou sanctuaire particulier). Et des lointains (Pologne, Italie, Espagne, Turquie, Terre sainte, etc.). Marcher en ville, en priant en silence et en s'exerçant à regarder les passants comme Jésus les regarde, est une expérience extraordinaire et un beau témoignage missionnaire. Aller marcher sur les traces de Jésus en Palestine, ou de tel ou tel saint sur les routes qu'il a parcourues, c'est prendre le temps d'entrer dans une spiritualité particulière et un aspect de la vie chrétienne qui se révèlent davantage dans ces moments privilégiés. La traversée de la baie du Mont-Saint-Michel reste une expérience sans égale ! Quelques jours à Lourdes ou à Fatima, et l'Immaculée devient plus proche et son visage, plus réel.

Ni retraites spirituelles ni voyages culturels, les pèlerinages permettent de vivre une belle expérience spirituelle dans une atmosphère de joie et de détente qui favorise la découverte et la construction d'amitiés fortes et de liens durables. Il y a en effet des moments de prière très intense, des plages de silence qu'il faut à tout prix ménager pour favoriser l'intériorisation et la prière personnelle. Mais aussi des moments de joyeuse détente, pendant les repas, certains moments de transition ou telle ou telle veillée qui permettent aux amitiés de se creuser et de s'exprimer.

J'ai toujours eu l'habitude de proposer aux paroissiens un pèlerinage par an. En général, une année sur deux, un proche pour quelques jours, et un plus lointain pour une semaine environ. C'est un lieu où l'on peut prendre le temps d'enseigner plus en profondeur, et où le pasteur prend toute sa place à la tête du petit (ou du grand) troupeau. Occasion aussi de se découvrir sous un jour peut-être plus incarné et plus vrai, sans fard ni artifice.

LES RETRAITES

Que je te dise enfin un mot des retraites. Celles que nous suivons, comme prêtres, normalement chaque année, ou celles que nous prêchons, en paroisse ou à tel ou tel public, religieux ou non. Ces deux formes de retraite ont toujours pour moi une saveur particulière, et sont l'occasion d'une ressource essentielle dans ma vie sacerdotale.

Nos retraites personnelles, prêchées ou non, sont des moments de ressourcement indispensables dans nos vies un peu bousculées. En réalité, même pour une vie qui ne serait pas bousculée, ce temps personnel de silence, de prière plus intense, de reprise de la vie sous le regard de Dieu est vraiment nécessaire pour faire le point et repartir de plus belle. Je pense qu'il faut être attentif à ne pas y manquer. Le droit canon en fait d'ailleurs, à juste titre, une obligation. Dans ce domaine, chacun a ses habitudes. Certains ont un lieu privilégié qu'ils retrouvent chaque année – c'est plutôt mon cas –, alors que d'autres préfèrent changer chaque fois, pour varier les styles et les spiritualités.

Quant aux retraites que nous avons l'occasion de prêcher à droite ou à gauche, je dois dire que c'est là encore pour moi une source de vraie joie sacerdotale. Bien sûr, j'aime prêcher et je ne me fatigue jamais de parler de Dieu ou de l'Église. Mais c'est sans doute aussi un privilège de l'âge et de l'expérience que d'être appelé de temps en temps par des communautés religieuses pour une retraite. Bien sûr, la charge de curé ne permet pas de le faire beaucoup plus qu'une fois ou deux dans l'année, mais avec les récollections que nous avons l'occasion de prêcher en paroisse, ce sont des moments qui me « dopent » !

Bien entendu, tout cela dépend aussi des charismes de chacun. Je te souhaite en tout cas sincèrement de trouver ta manière à toi de puiser ton énergie et ton équilibre dans la prière et dans ces moments privilégiés. Tu sais aussi combien tu es présent dans ma prière à moi, avec beaucoup d'autres prêtres. Je rends grâce souvent pour ce que tu es et pour ce que tu as reçu, et je demande pour toi la grâce de la fidélité au don inouï que Dieu t'a fait en t'appelant à sa suite.

Que l'Immaculée te garde dans sa tendresse. Je t'embrasse et te bénis de tout cœur.

À toujours.
PF+

8

Le prêtre, fils de Marie Immaculée, fils de l'Église

Mon cher Benoît,

Par-dessus tout et avant tout, le prêtre est fils de l'Église. Et il ne peut être fils de l'Église qu'en étant fils de Marie. Prêtre marial.

La Vierge Marie ! À vrai dire, j'ai hésité à placer cette lettre en tête de toutes les autres, tant son sujet est important à mes yeux. Mais, finalement, elle viendra à la fin, pour couronner, et comme envelopper, toutes les autres.

« Marie était là. » Aux grands moments de la vie de Jésus comme de celle de l'Église, Marie est là pour veiller, pour garder, pour enseigner. Pour affermir. Depuis le *fiat* de l'Annonciation jusqu'à la Pentecôte, en passant par le Calvaire et toutes les étapes que le Rosaire nous apprend à méditer soigneusement.

Marie n'est pas là comme une décoration, même très précieuse. Elle est là parce qu'elle ne peut pas ne pas être là. Sa présence fait partie du projet d'amour de Dieu pour la Rédemption. Elle tient une place essentielle dans « l'économie du salut », comme on dit. Elle est là parce qu'elle est la Mère. Mais plus encore, parce qu'elle est la Femme. L'Épouse, Vierge et Mère.

CONSÉCRATION À MARIE… « TOTUS TUUS »

Bien sûr, j'avais déjà entendu parler souvent de la Sainte Vierge. À la maison, chez mes parents, on avait pour elle une dévotion raisonnable, comme dans la plupart des familles chrétiennes authentiques. Mais, justement, elle y avait un peu une place décorative. Avec beaucoup de piété, certes, une véritable dévotion, mais pas très théologale. À la prière du soir, nous chantions volontiers le *Vierge des chemins de France*, *Notre-Dame des éclaireurs*, et quelques autres chants que mes parents avaient reçus du scoutisme. Avec ma grand-mère, nous récitions pieusement le *Souvenez-vous*, et quelques autres prières aimées, mais guère plus. Bien sûr, mes parents m'avaient consacré à la Vierge Marie le jour de mon baptême, comme tous mes frères et sœurs, mais savoir que je l'avais été ne me parlait pas plus que cela. Je donnais d'ailleurs plutôt plus d'importance à saint François d'Assise, dont j'étais tellement heureux de porter le prénom, et qui m'avait inspiré très tôt le désir de devenir prêtre et m'apprenait à prier.

Un jour, lors d'une de mes premières visites au Carmel, mère Myriam m'avait parlé de la médaille miraculeuse et m'en avait donné une petite. J'étais alors à l'École navale, et je dois dire que j'avais un goût très modéré pour les médailles (je n'aimais pas les médailles que l'on porte autour du cou en général). Peut-être même un peu de mépris pour ceux de mes camarades qui en portaient une : je trouvais ça, pour tout dire, un peu « cucul ». Quel ne fut pas mon embarras quand, alors que je lui demandais ce qu'il fallait en faire, elle me répondit avec son petit air de rien mais avec son autorité aussi irrésistible qu'elle était toute menue :

– Oh, mais François, il faut la porter !

– Bien, ma mère.

Et elle ne m'a jamais quitté, jusqu'au moment où j'en ai reçu une de grande taille à mon entrée dans la communauté Saint-Jean.

Mais c'est à Lérins que j'ai appris pour de bon à fréquenter cette Mère et à me donner à elle. Au cours de mes années de noviciat comme frère de Saint-Jean, j'ai eu la chance de pouvoir y passer six mois chez les Cisterciens. Expérience extraordinaire et riche à plus d'un titre. Comme je te l'ai déjà dit, j'ai longtemps pensé, dans mes années d'adolescence, que le Seigneur m'appellerait à une vie monastique. Jusqu'à ce que le Marab, au Prytanée, m'aide à comprendre que je serais plutôt appelé à une vie active. Ce long séjour à Lérins m'a confirmé dans cette conviction, tout en me donnant l'occasion de découvrir un véritable attrait pour ce trésor du silence et de la paix du cloître.

Surtout, ce séjour chez les moines cisterciens, très ancrés dans une profonde dévotion mariale, a été pour moi l'occasion d'une véritable découverte de cet attachement filial à la Vierge Marie. C'est le père Joseph, prieur à l'époque – un moine ascétique très « affûté » dans cette dimension mariale –, qui m'a introduit à ce monde totalement nouveau pour moi de la consécration à l'Immaculée à l'école de saint Louis-Marie Grignon de Montfort. Je découvrais avec joie et allégresse cette nouvelle manière de vivre, non pas « à côté » de Marie ou à ses pieds, mais vraiment « en elle ». Ne plus rien faire, ni voir, ni entendre, ne plus rien penser, ni discerner, ni encore moins décider, que par elle, avec elle et en elle. Puisqu'elle est le chemin de Dieu vers moi, elle sera mon chemin vers lui. Puisqu'elle est le milieu humain qui donne à Dieu son corps, sa chair, sa vie, et tout son développement humain, de la conception à l'âge adulte, elle sera le milieu qui me formera à la vie divine, qui doit progressivement gagner toutes les dimensions de mon être, jusqu'à ce que je redevienne « petit enfant », puisque je n'entrerai dans le Royaume qu'à cette condition ! Aussi vrai qu'un homme ne devient fils que quand il retrouve sa mère.

Et j'ai fait cette consécration de moi-même à Jésus par Marie, le 8 septembre 1986.

Voilà qui est bien autre chose que de se mettre à genoux devant une statue pour faire une prière – même fervente – à Marie ! Saint Louis-Marie va jusqu'à parler d'« esclavage ». Le mot peut nous faire sursauter aujourd'hui. Mais c'est malgré tout le bon mot. Se consacrer à Marie, c'est choisir de se donner à elle, de lui appartenir en tout, de s'abandonner totalement et intégralement pour lui donner toute latitude de nous façonner, de nous former, de nous conduire comme elle veut et par où elle veut à la sainteté, c'est-à-dire à la connaissance de Dieu. Puisque telle est la vie éternelle, selon la prière de Jésus à son Père[1].

1. « La vie éternelle, c'est qu'ils te connaissent, toi le seul vrai Dieu, et celui que tu as envoyé, Jésus Christ » (Jn 17, 1).

Se consacrer à Marie, c'est renoncer à s'occuper de soi-même, et surtout de sa sainteté. Suis-je un peu, beaucoup ou pas du tout saint ? Cela ne me regarde pas ! C'est elle qui gère… parce que je me donne à elle, et seulement bien sûr dans la mesure où je me donne à elle réellement, elle assume pleinement sa maternité à mon égard, elle me conduit à sa manière et à son rythme sur les chemins de Dieu. Et que Satan vienne à me flatter ou à me faire des reproches sur telle ou telle réussite, sur tel ou tel échec, je m'en remets à elle et, surtout, je ne discute pas avec lui. Si je dois être corrigé, c'est elle qui s'en charge ; encouragé, c'est elle encore. C'est elle qui m'apprend, qui me reprend, qui me tient la main, qui me rassure. Elle me retient quand je cherche à aller trop vite par excès d'audace, elle me pousse quand j'hésite par pusillanimité. Elle agit très exactement comme une mère avec son enfant.

Un enfant n'a pas peur de retrouver sa mère, dans quelque état qu'il se trouve. Il est fier d'être bien habillé et de voir sa mère l'encourager. Il ne craint pas de rentrer tout crotté auprès d'elle : il se réfugiera dans sa miséricorde. Je repense souvent à ce vieux père qui m'avait dit, un jour de découragement : « Et, que veux-tu, on ne peut pas en permanence traverser le fumier sans finir par puer un peu. La belle affaire : maman va donner la douche et voilà tout ! » En parlant de la maman, il parlait aussi bien de Marie que de l'Église, dans le sacrement du pardon[1].

1. Dans le contexte d'aujourd'hui, il me paraît important de préciser toutefois que, si le sacrement du pardon s'applique à toute faute, même très grave, le droit et la justice peuvent exiger une réparation dont on ne peut pas s'affranchir.

Je pense aussi à Pierre, sauvé du désespoir par Marie. Au matin de la résurrection, Marie-Madeleine revient du tombeau en courant, pour « trouver Simon-Pierre et l'autre disciple, celui que Jésus aimait[1] ». Et pourquoi donc Pierre est-il avec Jean ? Non pas à cause de lui, Jean, mais bien sûrement à cause de Marie, que Jean avait prise avec lui depuis le vendredi pour obéir à Jésus[2]. Pierre, qui errait en pleurant amèrement après avoir renié son Jésus, a finalement compris que Marie était la seule au monde à pouvoir l'accueillir sans le juger. Elle, la Mère de Miséricorde, Refuge des pécheurs.

Peu à peu, cette intimité avec l'Immaculée nous façonne. Une façon d'être marial se dégage de celui qui se livre ainsi à sa maternité. C'est quand même étonnant de penser combien Jésus a ressemblé à sa mère. Physiquement, c'est évident, puisqu'il tient tout d'elle. Mais bien plus, il lui ressemble dans sa façon de regarder, de parler, de se tenir. Elle lui a tout appris. On pourrait dire que Jésus a ressemblé aussi beaucoup à son père, Joseph. Mais Joseph n'est-il pas le premier consacré à l'Immaculée ? Joseph lui-même n'a-t-il pas tout appris d'elle ? N'est-il pas le premier et le plus parfaitement marial, avant même Jean, le disciple bien-aimé ? Même sa manière de travailler et d'exercer son métier a été profondément marquée par cette empreinte mariale. Il apprend de Marie à se laisser habiter et conduire par l'Esprit Saint.

---

1. Jn 20, 2.
2. Jn 19, 27.

Il me semble que pour nous, prêtres, c'est très important. Peut-être aussi en raison de notre célibat : il y a toujours pour nous un certain risque de durcissement, une certaine tendance à devenir vieux garçon. Certains d'entre nous ont la chance de vivre une relation très particulière d'amitié avec leur mère de la terre. J'ai eu cette chance, personnellement, avec ma mère de sang et ma mère du Carmel. Mais c'est tellement plus vrai encore de cette relation unique du prêtre avec l'Immaculée. As-tu pris conscience, par exemple, que Marie s'incline quand tu montes à l'autel pour célébrer la messe ? J'en suis tellement impressionné et ému ! Comment ne pas lui sourire au passage, même – et surtout – si ce sourire est marqué par une souffrance, une angoisse, une préoccupation ? À ce moment, je pense toujours à la rencontre de Jésus avec sa mère sur le chemin du Calvaire. Quelle force ! Quelle paix ! C'est son génie : elle nous dit tout dans le silence. Elle communique cette force dans un seul regard.

Joseph a-t-il rencontré son regard au moment de sa grande agonie, quand il découvre qu'elle est enceinte et qu'il pressent – sans avoir aucun mot pour le dire – que ce qui est en elle vient de l'Esprit Saint ? Il est mort à lui-même et, pour obéir à Dieu, s'est consacré à elle radicalement. Ou, pour être tout à fait précis, il s'est consacré à Jésus par elle.

J'ai tant d'admiration pour certains prêtres que j'ai connus qui portaient cette « marque mariale » d'une façon si puissante ! Il se dégage d'eux une douceur, une tendresse particulières. Une très forte exigence et une indulgence sans limite. C'est ce qui donne à leur paternité une force si unique. C'est bien simple, ils sont pères parce qu'ils sont fils. Fils de Marie ! Et tu penses bien que j'ai été puissamment encouragé sur cette route par notre cher Jean-Paul II. Quel homme ! Quelle figure de prêtre marial, père et fils tout à la fois !

Je suis heureux et fier de t'avoir à mon tour conduit, toi et tant d'autres, sur ces chemins. Je t'ai accompagné dans cette consécration, bien avant ton entrée au séminaire.

LE PÈLERINAGE DE LA FOI DE MARIE

Ma vie spirituelle a été profondément bouleversée encore une fois par la lecture de l'encyclique *Redemptoris Mater*, de saint Jean-Paul II. C'était relativement peu de temps après ma consécration, puisqu'elle est datée du 25 mars 1987. Deux ans, donc, avant mon ordination. Jusque-là, je n'avais pas encore envisagé la verticalité, la profondeur et l'ampleur de la foi de Marie. Et la puissance de la bénédiction prononcée par Élisabeth à la Visitation : « Bienheureuse celle qui a cru. » Avec cet enseignement majeur, Jean-Paul II nous fait pénétrer dans le « pèlerinage de la foi » de Marie. Ce cheminement intérieur de Marie, de l'Annonciation au Calvaire, par lequel elle s'unit au mystère de son Fils – qui est aussi Fils de Dieu –, et par lequel aussi elle l'accompagne et adhère à sa mission de salut, exclusivement dans la foi et par la foi.

D'accord, c'est un peu idiot, mais je t'avoue que, dans ma jeunesse, j'ai souvent été un peu jaloux de la Sainte Vierge. Tout était un peu facile pour elle, puisqu'elle était immaculée… Elle devait donc baigner dans une douce certitude lumineuse et paisible, qui la rendait pour moi un peu irréelle et surtout très inaccessible. Dans cette encyclique, je prenais conscience de l'épreuve et de la souffrance de Marie, intimement unie, par la foi, au sacrifice de son Fils. Et je me suis rendu compte que même les mystères joyeux, dans la mesure où ils sont pleinement vécus dans la foi, sont déjà incroyablement douloureux. Je retrouvais cette unité profonde – qui m'est chère, tu le sais – entre joie et douleur. Mystère de la grave allégresse.

Que la foi est une épreuve, c'est clair ! Une épreuve qui consiste à se livrer à la confiance. À s'abandonner à plus grand que soi. À se consacrer à cette vérité qui précède toute chose. Certes, Marie s'y livre joyeusement ; mais ce n'est pas parce que c'est joyeux que c'est facile. C'est un choix. Un choix libre et conscient, un choix plein et entier : elle se livre à la confiance. Elle croit les paroles qui lui sont dites de la part du Seigneur. Là où Ève a cédé à la suggestion mensongère du serpent, Marie choisit la confiance, l'obéissance de la foi. Et il n'y a aucune raison de penser que le serpent n'a pas cherché à séduire Marie immaculée comme il l'avait fait pour Ève. Peut-être même l'a-t-il fait avec d'autant plus d'astuce et de ruse perverse qu'il savait l'enjeu de la pureté de Marie. Autrement dit, Marie n'est pas conduite comme une marionnette : elle est libre, et d'autant plus libre qu'elle dit oui et choisit l'obéissance. Aucune contrainte dans l'amour : l'amour n'agit que par attirance, et Marie choisit de se laisser emporter au-delà d'elle-même dans cet Amour qui se donne à elle. Elle est absolument vide d'elle-même, et c'est pour cela qu'elle est vraiment elle-même. Et même comblée, et plus que comblée de grâce ! C'est le péché qui avait renversé tout cela : le pécheur n'est plus lui-même quand il pèche. Certes, c'est délibérément qu'il a dit non, mais il y perd sa liberté ! Et il découvre sa nudité. L'homme libre est celui qui dit oui, et, en disant oui à Dieu, Marie est au contraire revêtue de sainteté :

> Je tressaille de joie dans le Seigneur, mon âme exulte en mon Dieu. Car il m'a vêtue des vêtements du salut, il m'a couverte du manteau de la justice, comme le jeune marié orné du diadème, la jeune mariée que parent ses joyaux[1].

Ce *oui* de la foi, ce *fiat*, Marie le prononce d'une façon décisive et explicite à l'Annonciation, en réponse aux paroles de l'ange. Mais, en réalité, toute sa vie n'est que oui. Et on peut dire que si Jésus est « l'Amen du Père », selon cette si forte expression de saint Paul[2] reprise aussi dans l'Apocalypse[3] – à la fois oui de Dieu à l'homme et oui de l'homme à Dieu –, on peut dire que Marie est la première et la parfaite réponse à ce oui. Je me risque à dire qu'elle est Amen au Père, par son Fils, dans le Saint-Esprit. Et si la mort est entrée dans le monde par le *non* d'Ève, la Vie a fait sa demeure au milieu de nous par le *oui* de Marie.

---

1. Is 61, 10.
2. « Toutes les promesses de Dieu ont trouvé leur « oui » dans sa personne. Aussi est-ce par le Christ que nous disons à Dieu notre "amen", notre "oui", pour sa gloire » (2 Co 1, 20).
3. « Ainsi parle celui qui est l'Amen, le témoin fidèle et vrai, le principe de la création de Dieu… » (Ap 3, 14).

Ce oui de la foi colore donc toutes les étapes de la vie de Marie. Il faudrait prendre le temps de contempler – mais cela dépasse évidemment le cadre de cette lettre – chacun des mystères du Rosaire dans la clarté de cette lumière du oui de Marie. Je m'arrête tout de même un instant sur deux points particuliers, avant de le faire un peu plus longuement à propos du Calvaire.

Je t'ai déjà parlé du recouvrement de Jésus au Temple. Mais je voudrais y revenir encore pour commenter l'attitude de Marie de façon plus précise. Quand ils retrouvent Jésus, qui n'a que douze ans, assis dans le Temple en train de parler avec les docteurs, Marie et Joseph sont frappés de stupeur. Et Marie dit, humblement mais en toute vérité, leur souffrance et leur angoisse à tous les deux : « Mon enfant, pourquoi nous as-tu fait cela ? Vois comme ton père et moi, nous avons souffert en te cherchant[1] ! » Mais il faut entendre avec quelle délicatesse, avec quelle tendresse, Marie dit cela. Pas l'ombre d'une revendication. Pas le moindre retour sur elle-même. Pas la plus petite trace de possession blessée ou de susceptibilité froissée ! Son âme tout entière dit oui, et joyeusement, à travers et au-dedans de la blessure de son cœur, qu'elle accepte de ne pas comprendre. Quel modèle admirable pour nous qui attendons sans cesse de Dieu qu'il s'explique et nous fasse comprendre le pourquoi et le comment de ses projets, avant d'accepter ou non d'y adhérer !

1. Lc 2, 48.

Au mariage célébré à Cana, quand elle remarque qu'il n'y a plus de vin et que le maître du repas risque de se trouver dans la gêne, Marie dépose cela dans le cœur de son Fils, sans rien attendre. Elle ne sait rien encore de ce que fera Jésus (ou qu'il ne fera pas !). Comme l'écrivait un de mes aïeux dans son carnet de carême : « N'attendre rien ; s'attendre à tout. » Quelle belle formule pour dire cette totale disponibilité à la volonté de Dieu ! Marie, qui n'est que oui, n'est nullement gênée par cette remarque de Jésus : « Femme, que me veux-tu ? Mon heure n'est pas encore venue[1] », qui nous aurait tellement déstabilisés ! En a-t-elle compris exactement la signification ? Sûrement pas encore pleinement ! Mais elle transmet sa confiance aux serviteurs du repas, avec sa tranquille assurance et son autorité irrésistible : « Tout ce qu'il vous dira, faites-le[2]. » Elle donne un conseil aux serviteurs, mais pas à son Fils… Et le miracle s'accomplit, qui dépasse toute attente.

Mais c'est évidemment au Calvaire que son *fiat* va prendre toute sa mesure définitive. C'est là que s'achèvera le « pèlerinage de sa foi », puisque c'est là que sa foi atteindra sa perfection. Et Jean-Paul II a ouvert là des perspectives inouïes. Par la foi, Marie est associée au sacrifice de son fils, chair de sa chair. Dans son cœur immaculé qui retenait tout soigneusement, sont gravées ces paroles de l'ange à l'Annonciation : « Il sera grand […]. Le Seigneur Dieu lui donnera le trône de David, son père ; il régnera

1. Jn 2, 4.
2. Jn 2, 5.

pour toujours sur la maison de Jacob pour les siècles et son règne n'aura pas de fin[1]. »

> Et maintenant, debout au pied de la Croix, Marie est témoin, humainement parlant, d'un total *démenti de ces paroles.* Son Fils agonise sur ce bois comme un condamné. « Objet de mépris, abandonné des hommes, homme de douleur [...], méprisé, nous n'en faisions aucun cas », il était comme détruit (cf. Is 53, 3-5). Comme elle est grande, comme elle est alors héroïque *l'obéissance de la foi* dont Marie fait preuve face aux « décrets insondables » de Dieu ! [...] *Par une telle foi, Marie est unie parfaitement au Christ dans son dépouillement.* [...] C'est là, sans doute, la *kénose de la foi* la plus profonde dans l'histoire de l'humanité. [...] En même temps s'accomplissaient là les paroles [que Syméon] avait adressées à Marie : « Et toi-même, une épée te transpercera l'âme[2]. »

> Et Jean-Paul II de conclure :

> Oui vraiment, « bienheureuse celle qui a cru » ! Ici, au pied de la Croix, ces paroles qu'Élisabeth avait prononcées après l'Annonciation semblent retentir avec une éloquence suprême et leur force devient profondément pénétrante[3].

Autrement dit, personne au monde, jamais aucun saint dans l'histoire, n'a vécu une nuit de la foi plus profonde, plus obscure, plus parfaite que la Vierge Marie. C'est bien

---

1. Lc 1, 32-33.
2. Saint Jean-Paul II, *Redemptoris Mater*, n° 18. La prophétie de Syméon se trouve en Lc 2, 35.
3. *Ibid.*, n° 19.

simple : elle croit l'envers de ce qu'elle voit. Elle voit l'échec total ; elle croit la victoire totale. La victoire de l'amour. Jésus est mort non pas parce qu'on l'a tué ou parce que la mort lui tombe dessus, mais parce qu'il donne sa vie par amour. Tout est renversé, la mort est vaincue ! Et Marie, par sa foi, s'associe de tout son être à ce don : elle vit de façon non sanglante le sacrifice sanglant de son fils. Elle s'offre parfaitement elle-même, avec lui, par lui et en lui.

Et c'est encore elle qui offrira son fils au Père, comme elle l'avait fait au Temple autrefois. Mais aujourd'hui, c'est le cadavre de son fils qu'elle offre au Père. Très exactement comme l'Église le fera jusqu'à la fin des temps à la messe dans ces paroles de la grande doxologie : « Par lui, avec lui et en lui, à toi, Dieu le Père tout-puissant, dans l'unité du Saint Esprit, tout honneur et toute gloire, pour les siècles des siècles. »

Cette contemplation du mystère de la Croix et de la participation de Marie à cette offrande parfaite est un puits sans fond. Ou, plutôt, elle est une source inépuisable à laquelle nous sommes invités à boire abondamment : « Si quelqu'un a soif, qu'il vienne à moi, et qu'il boive, celui qui croit en moi ! Comme dit l'Écriture : De son cœur couleront des fleuves d'eau vive[1]. » Mais, à vrai dire, comment s'approcher sinon par Marie et avec elle ! C'est parce qu'il s'est réfugié sous son manteau que Jean a pu aller jusqu'au bout.

---

1. Jn 7, 37-38.

Depuis cette découverte, j'aborde la consécration à la Vierge Marie en m'appuyant sur trois sources principales : saint Louis-Marie Grignon de Montfort, saint Maximilien-Marie Kolbe et saint Jean-Paul II. À l'école du premier, j'apprends à redevenir petit enfant et je me laisse former à la vie divine, comme je te l'ai amplement expliqué plus haut. Du second, je reçois la verticalité de la doctrine de l'Immaculée Conception. Marie, pure transparence, donne un éclat à la gloire de l'Esprit Saint. Conception de Dieu parfaitement réalisée, elle donne un visage au rayonnement de gloire de l'amour du Père et du Fils. À ce jaillissement éternel de vie. Et, pour apprendre à vivre dans l'Esprit et par l'Esprit, il me suffit de me laisser conduire et instruire par l'Immaculée. Mieux : en vivant en elle, je trouve un chemin sûr pour entrer dans la vie que Dieu me donne et qu'il veut pour moi. Et à celui qui aurait peur de se perdre en se donnant lui-même, je redirai ces paroles de Jésus : « Celui qui veut sauver sa vie la perdra ; mais celui qui perdra sa vie à cause de moi la sauvera[1]. »

Enfin, de Jean-Paul II, je retiens que cette consécration est importante pour moi, bien sûr, mais que c'est aussi le meilleur service que je puisse rendre à l'Église. Suivre le pèlerinage de la foi de Marie engage toute l'Église. « Quand j'aurai été élevé de terre, dit Jésus, j'attirerai à moi tous les hommes[2]. » L'amour agit par attraction. En me laissant attirer ainsi, par Marie et avec elle, je veux participer à cette grande attraction pour l'Église et pour l'humanité

1. Lc 9, 24.
2. Jn 12, 32.

tout entière. Je rougis de le faire si mal et si peu... Mais, je viens de te l'expliquer, il ne faut plus se regarder et surtout pas s'évaluer soi-même !

L'ÉGLISE, C'EST MA MÈRE

Le père Alix, dont je t'ai déjà parlé, nous rejoignait chaque année pour une semaine de vacances. Et nous passions des heures à l'interroger, à l'écouter. Il nous parlait de l'Église, du Concile (il avait participé à la dernière session de Vatican II, de septembre à décembre 1965). Il nous parlait du pape, quand il rentrait de Rome. C'est lui qui, le premier, m'a appris à aimer l'Église. Inconditionnellement. Dans les années 1970, quand un vent de folie soufflait partout, sur la liturgie en particulier, et que les prêtres quittaient le sacerdoce les uns après les autres, par vagues entières, il nous répétait inlassablement : « La crête ! Il faut marcher sur la crête. Sans verser ni d'un bord ni de l'autre. Confiance ! C'est l'Esprit Saint qui conduit l'Église. Nous ne voyons pas tout, nous ne comprenons pas tout, mais nous savons que c'est Lui. »

Aujourd'hui, et spécialement depuis Lérins et ma consécration, c'est par Marie que j'apprends l'Église. Et si Marie est bien Mère de l'Église, comme l'a proclamé une nouvelle fois le concile Vatican II[1], elle en est aussi la figure. Autrement dit, si je suis fils de Marie, je suis aussi fils de l'Église. Et l'un ne peut pas aller sans l'autre.

---

1. Saint Paul VI, lors du discours de clôture du Concile, le 7 décembre 1965, a répété le titre de « Mère de l'Église ». Le pape François, quant à lui, a institué en 2018 la mémoire liturgique de « Marie, Mère de l'Église », le lundi de Pentecôte.

Mon amour pour l'Église n'a jamais flanché. Plus j'aime Marie et plus j'aime l'Église, et réciproquement. Pourtant, et nous en avons souvent parlé tous les deux, tout n'est pas simple ! Le mystère de l'Église est incroyable : sainte et immaculée dans le regard de Dieu, elle est constituée de pécheurs. Nous sommes une communion de pécheurs sur le chemin de la miséricorde. Je propose souvent cette image à ceux qui s'étonnent ou se scandalisent de trouver des pécheurs, et même des criminels, dans l'Église : je ne juge pas une blanchisserie au linge sale qui s'y trouve, mais à la qualité et à la propreté du linge qui en sort. De même, je ne juge pas l'Église à l'aune des péchés que l'on commet en son sein, ou que l'on commet parfois même en son nom, mais à la sainteté de ses enfants qu'elle baigne dans le sang de l'Agneau. J'aime tant ce cantique de l'Apocalypse plein d'espérance que l'on chante le jeudi soir au bréviaire :

> Car il est rejeté, l'accusateur de nos frères,
> lui qui les accusait, jour et nuit, devant notre Dieu.
> Eux-mêmes l'ont vaincu par le sang de l'Agneau,
> par la parole dont ils furent les témoins ;
> détachés de leur propre vie, ils sont allés jusqu'à mourir[1].

Bien sûr, je comprends que l'on puisse être violemment scandalisé par ces manquements et ces crimes. Ce que l'on a appris des abus sexuels dans l'Église de 1950 à 2020 nous laisse sans voix. Tu te rappelles cette extraordinaire veillée à Longchamp, lors des JMJ de Paris, en 1997 ? Tu m'y avais fait cette confidence que la question de la vocation te

1. Ap 12, 10-11.

travaillait fort… J'entends encore la voix tremblante – et pourtant encore si puissante – de Jean-Paul II :

> Des chrétiens ont accompli des actes que l'Évangile réprouve. Si j'évoque le passé, c'est parce que reconnaître les fléchissements d'hier est un acte de loyauté et de courage qui nous aide à renforcer notre foi, qui nous fait percevoir les tentations et les difficultés d'aujourd'hui et nous prépare à les affronter[1].

Je n'ai pas oublié non plus ce moment incroyable où, lors du grand jubilé de l'An 2000, il s'était mis à genoux pour demander pardon pour les péchés des fils de l'Église :

> Face au Christ qui, par amour, a assumé nos fautes, nous sommes tous invités à un profond examen de conscience. L'un des éléments caractéristiques du grand jubilé réside dans ce que j'ai qualifié de « purification de la mémoire » (Bulle *Incarnationis mysterium*, n° 11). Comme Successeur de Pierre, j'ai demandé que « en cette année de miséricorde, l'Église, forte de la sainteté qu'elle reçoit de son Seigneur, s'agenouille devant Dieu et implore le pardon des péchés passés et présents de ses fils » *(ibid.)*. Ce premier dimanche de Carême m'a semblé une occasion propice afin que l'Église, recueillie spirituellement autour du Successeur de Pierre, implore le pardon divin pour les fautes de tous les croyants. Pardonnons et demandons pardon[2] !

---

1. Saint Jean-Paul II, Méditation du pape lors de la veillée baptismale avec les jeunes à Longchamp, 23 août 1997, JMJ de Paris ; la citation provient de *Tertio millennio adveniente*, n° 33.
2. Saint Jean-Paul II, Homélie du pape à la messe pour la journée du pardon de l'année sainte 2000, 12 mars 2000.

Et tout récemment, en novembre 2021, les évêques de France réunis à Lourdes peu de temps après la publication du rapport Sauvé se mettaient à genoux pour reconnaître publiquement la responsabilité écrasante qui pèse sur eux et sur toute l'Église dans les atrocités qu'a subies une foule innombrable d'enfants innocents. Moment profondément bouleversant qui a retourné beaucoup de cœurs.

Je crois que c'est sous cet angle que je puis aborder en vérité mon lien à l'Église. Je suis pécheur, membre d'une communauté de pécheurs, en chemin de conversion et de sanctification par le don de l'Esprit Saint. L'Église est sacrement du Christ au milieu du monde. Elle est le visage du Christ pour le monde, comme le Christ lui-même est le visage du Père. « Qui m'a vu a vu le Père[1] », dit Jésus à Philippe. À la fois le visage du Christ innocent et bafoué, torturé à mort, mais aussi le visage du Christ qui a été identifié au péché, l'Agneau de Dieu, qui enlève les péchés du monde :

> Celui qui n'a pas connu le péché, Dieu l'a pour nous identifié au péché, afin qu'en lui nous devenions justes de la justice même de Dieu[2].

Et c'est là le mystère insondable : c'est cette Église-là, pauvre, incroyablement fragile et vulnérable, qui est faite pour évangéliser[3]. Je crois que c'est dans ma première lettre que je te le disais, en parlant de Jean-Paul II : tout a

1. Jn 14, 9.
2. 2 Co 5, 21.
3. Saint Paul VI, *Evangelii nuntiandi*, n° 14.

basculé pour moi quand j'ai compris que la puissance de Dieu se manifeste dans sa vulnérabilité. Ainsi du Christ, ainsi de l'Église, ainsi des saints.

L'Église est ma mère. Oui, elle est critiquable. Mais tu ne peux la critiquer de façon ajustée que si tu l'aimes. Que si tu la critiques « du dedans ». Moi, je connais ses défauts, mais je l'aime : elle est ma mère.

LES LIENS AVEC L'AUTORITÉ

Quand on est prêtre, il peut se faire que l'on rencontre des difficultés avec la hiérarchie. Ce n'est d'ailleurs pas réservé aux prêtres, bien sûr, mais il se trouve que, comme collaborateurs directs des évêques, nous sommes plus proches d'eux et nous sommes mieux placés que d'autres pour connaître leurs qualités et leurs défauts. Ici, je tiens pour une règle absolue cette consigne de saint Ignace d'Antioche : « Je ne fais rien sans mon évêque. » Nous en parlions très souvent avec ma mère du Carmel : l'union à l'évêque est vraiment fondamentale. Il peut se faire que nous ne comprenions pas telle ou telle décision de l'évêque ou du pape. Mais c'est l'évêque, mais c'est le pape ! Si on me demande mon avis, je ferai de mon mieux pour l'exposer sans peur et en vérité. Mais si la décision est prise, j'obéis, persuadé que la liberté est dans l'obéissance. Sauf, évidemment, si la chose est contraire à ma conscience ou à la foi ! Combien de saints ont été jusqu'à une obéissance héroïque, condamnés injustement, brimés par jalousie, ou victimes de médisance. Le lynchage médiatique est devenu un sport facile avec la caisse de résonance formidable des réseaux sociaux… On assassine ainsi des hommes politiques, des hommes d'affaires, mais aussi des évêques, des prêtres… Il peut être tentant de biaiser et d'en faire un peu à sa tête. Mais, s'il n'est pas interdit d'être intelligent dans l'obéissance, et même « *un po' furbo* », comme avait dit un jour le pape François de lui-même, c'est Marie toujours qui nous met sur la voie de l'humble soumission à la volonté de Dieu telle qu'elle se présente. Et même si mon évêque se trompe, je ne me trompe pas en obéissant à mon évêque. À vrai dire, il y a toujours un recours dans l'Église. Si Dieu se tait ou se cache, je peux crier avec Jésus, l'innocent injustement condamné : « Mon Dieu, mon Dieu, pourquoi m'as-tu abandonné[1] ? » Nous avons souvent parlé ensemble de cette phrase du pape François, dans sa première homélie aux cardinaux encore réunis à la chapelle Sixtine : « Si nous ne confessons pas Jésus Christ, cela ne va pas. Nous deviendrons une ONG humanitaire, mais non l'Église, Épouse du Seigneur. » L'humble obéissance qui nous fait patienter porte sûrement plus de fruits que nos manœuvres pour parvenir à nos fins.

Tout prêtre porte en lui un certain besoin de reconnaissance. Nous avons besoin d'être encouragés, consolés parfois, reconnus dans notre labeur. Et c'est le rôle du père que de manifester cette reconnaissance qui permet aussi de persévérer dans les moments plus difficiles. C'est vrai, nous aimerions parfois que les évêques manifestent un peu plus largement cette bienveillance paternelle. Un mot suffirait à relancer le courage d'un prêtre fatigué, en butte à

1. Ps 21, 2 ; Mc 15, 34.

mille contradictions. Le prêtre l'attend de son évêque d'autant plus qu'il n'a pas d'épouse pour le pousser, pour lui manifester son soutien et ses encouragements ; et que les fidèles sont souvent plus prompts à souligner ce qui ne va pas qu'à le remercier pour ce qui va bien. Oh, certes, il faut relativiser : certains époux vivent aussi des situations très difficiles, et tant de salariés aimeraient entendre ne serait-ce qu'un mot aimable de la part de ceux qui les dirigent. Mais évidemment, on s'attend à trouver plus de bienveillance et de bonté dans l'Église. Et quand ces qualités font défaut dans la hiérarchie, c'est bien difficile à « encaisser ». Quelle épreuve quand rien ne vient d'en haut ! C'est un deuil douloureux à faire, et je crois que chacun d'entre nous doit y passer un jour ou l'autre. Je t'ai déjà parlé de cette confidence de ma mère qui m'apprenait qu'il fallait « aimer à fonds perdu »… C'est aussi le sens de cette prière scoute que nous avons tant chantée : « Apprenez-nous à nous dépenser, sans attendre d'autre récompense que celle de savoir que nous faisons votre sainte volonté. »

FRATERNITÉ SACERDOTALE

Il se peut aussi que nous soyons blessés et meurtris du côté de la fraternité sacerdotale dont nous attendions beaucoup. Mais, là encore, je te le disais, les prêtres sont des hommes comme tout le monde et des pécheurs parmi les pécheurs. Ne te scandalise jamais du péché des autres. Ou plutôt, que le péché te scandalise, mais jamais le pécheur. Eh oui, il y a aussi chez les prêtres et dans l'Église des jalousies, des querelles de clocher, des territoires réservés, des « chasses gardées »... Et du carriérisme ! Là aussi, on se pousse pour se faire voir, pour occuper la place. Et quel malheur, quelle intense douleur, d'apprendre qu'un prêtre ami est tombé gravement ! Ou qu'il a peut-être même commis des horreurs. Nous sommes parfois muets, incapables de percer ce mystère infini du mal qui frappe ainsi. Pourtant, ne t'en étonne jamais, et surtout, n'en conçois aucune amertume. Frappe-toi plutôt la poitrine en prenant conscience de ta propre faiblesse. Ah, ça ! ne laisse jamais l'amertume gagner ton cœur de prêtre. C'est un poison violent qui paralyse, une des armes préférées de Satan qui cherche à nous abattre par tous les moyens. Il jubile quand il nous voit découragés ! Non, la victoire est assurée, mais, c'est vrai, seulement dans l'offrande ultime. Le triomphe de Jésus est le triomphe d'un homme humilié et crucifié.

Heureusement, tu trouveras aussi beaucoup de joies dans les amitiés sacerdotales. Tu le sais bien, d'ailleurs, toi qui, de fils, es devenu ami ! Quel bonheur intense de pouvoir partager en profondeur, dans la prière comme dans les grands moments de détente, la joie indicible d'être à Lui ! L'invincible espérance qui nous tient debout dans la bataille exaltante de la mission ! Dans les discussions interminables où nous refaisons le monde... et l'Église. La communion sacerdotale est quelque chose d'unique. Et le pire qui puisse arriver à un prêtre, en même temps qu'un des plus grands dangers, est peut-être de se retrouver seul.

« J'AI VU LA CITÉ SAINTE QUI DESCENDAIT DU CIEL »

Comme moi, tu as accompagné des personnes qui allaient franchir la porte de la salle du Trône[1] avant toi. Et tu as peut-être éprouvé comme moi un petit brin de jalousie. Comme moi, tu as confessé ces enfants devant lesquels tu étais tenté de te mettre à genoux tant tu admirais la pureté de leur cœur. Comme moi, tu as accueilli des catéchumènes, admiratif des chemins mystérieux par lesquels l'Esprit Saint se manifeste au milieu de nous. Comme moi, tu as pleuré avec des parents qui serraient dans leurs bras désarmés un petit enfant mort trop tôt. Incompréhensible. Comme moi, tu es remonté sur ton scooter à 10 heures du soir, mort de fatigue un dimanche soir, pour aller voir quelqu'un à l'hôpital. Comme moi, tu aimes ces moments de pure humanité en allant boire un verre au bistrot avec les gars qui sont là. Croyants ou mécréants, tous enfants infiniment aimés. Comme moi, ton cœur a vibré en chantant l'Évangile de la résurrection pendant la Vigile pascale. Les enfants baillaient et toi, tu souriais, ému aux larmes de sentir battre la foi de l'Église dans le cœur des nouveaux baptisés.

Comme nous aimons l'Église ! Comme elle est jeune et belle, ma Mère ! Comme elle est belle et passionnante, cette vie de prêtre pour laquelle Dieu nous a choisis. Pure gratuité. Folie.

Je souris. Je pleure. J'ai soif !

---

1. Ap 4.

> Alors j'ai vu un ciel nouveau et une terre nouvelle, car le premier ciel et la première terre s'en étaient allés et, de mer, il n'y en a plus. Et la Ville sainte, la Jérusalem nouvelle, je l'ai vue qui descendait du ciel, d'auprès de Dieu, prête pour les noces, comme une épouse parée pour son mari. Et j'entendis une voix forte qui venait du Trône. Elle disait : « Voici la demeure de Dieu avec les hommes ; il demeurera avec eux, et ils seront ses peuples, et lui-même, Dieu avec eux, sera leur Dieu. Il essuiera toute larme de leurs yeux, et la mort ne sera plus, et il n'y aura plus ni deuil, ni cri, ni douleur : ce qui était en premier s'en est allé. » Alors celui qui siégeait sur le Trône déclara : « Voici que je fais toutes choses nouvelles. » Et il dit : « Écris, car ces paroles sont dignes de foi et vraies[1]. »

Oui, invincible espérance. « À la fin, mon cœur immaculé triomphera », promet Marie aux petits enfants de Fatima. Cette lumière illumine la douloureuse marche de l'Église vers l'achèvement de toute chose dans le Christ. Heureux ceux qui seront proches de ce Cœur immaculé : sur leur visage, son sourire ; dans leurs yeux, ses larmes ; dans leur cœur, sa soif.

Merci, Benoît, pour ton amitié. Elle est si précieuse !

Je t'embrasse et te bénis de tout cœur en rendant grâce.

Et s'il te plaît, prie pour moi.

À toujours.
PF+

---

1. Ap 21, 1-5.

Annexe

PRIÈRE DE SAINTE THÉRÈSE DE L'ENFANT-JÉSUS À JÉSUS

Nous sommes dans un siècle d'inventions ; maintenant, ce n'est plus la peine de gravir les marches d'un escalier ; un ascenseur le remplace avantageusement. Moi, je voudrais trouver un ascenseur pour m'élever jusqu'à Jésus, car je suis trop petite pour monter le rude escalier de la perfection. Alors j'ai recherché dans les Livres Saints l'indication de l'ascenseur ; et j'ai lu ces mots : « Si quelqu'un est tout petit, qu'il vienne à moi » (Pr 9, 4). Alors je suis venue, devinant que j'avais trouvé ce que je cherchais. Et voulant savoir, ô mon Dieu, ce que Vous feriez au tout-petit qui répondrait à votre Appel, j'ai continué mes recherches et voici ce que j'ai trouvé : « Comme une mère caresse son enfant, ainsi je vous consolerai, je vous porterai sur mon sein, je vous balancerai sur mes genoux » (Is 66, 13). Ah, jamais paroles plus tendres, plus mélodieuses ne sont venues réjouir mon âme ; l'ascenseur qui doit m'élever jusqu'au ciel, ce sont vos Bras, ô Jésus ! Pour cela, je n'ai pas besoin de grandir, au contraire, il faut que je reste petite, que je le devienne de plus en plus. Ô mon Dieu, Vous avez dépassé mon attente ! Je veux « chanter vos Miséricordes » ! Ainsi soit-il.

PRIÈRE DU MARIN

Donnez-moi, Seigneur,
Donnez-moi ce qui vous reste.
Donnez-moi ce que l'on ne vous demande jamais.
Donnez-moi le risque et l'inquiétude,
Donnez-moi le vent, la pluie et la tempête.
Mais donnez-les-moi, Seigneur, définitivement,
Car je n'aurai pas toujours le courage de vous les demander.
Amen.

EXTRAIT DE « PATRIS CORDE », DU PAPE FRANÇOIS (§ 7)

On ne naît pas père, on le devient. Et on ne le devient pas seulement parce qu'on met au monde un enfant, mais parce qu'on prend soin de lui de manière responsable. Toutes les fois que quelqu'un assume la responsabilité de la vie d'un autre, dans un certain sens, il exerce une paternité à son égard.

Dans la société de notre temps, les enfants semblent souvent être orphelins de père. Même l'Église d'aujourd'hui a besoin de pères. L'avertissement de saint Paul aux Corinthiens est toujours actuel : « Auriez-vous des milliers de pédagogues dans le Christ, vous n'avez pas plusieurs pères » (1 Co 4, 15). Chaque prêtre ou évêque devrait pouvoir dire comme l'apôtre : « C'est moi qui, par l'Évangile, vous ai engendrés dans le Christ Jésus » (*ibid.*). Et aux Galates il dit : « Mes petits-enfants, vous que j'enfante à nouveau dans la douleur jusqu'à ce que le Christ soit formé en vous » (4, 19).

Être père signifie introduire l'enfant à l'expérience de la vie, à la réalité. Ne pas le retenir, ne pas l'emprisonner, ne pas le posséder, mais le rendre capable de choix, de liberté, de départs. C'est peut-être pourquoi, à côté du nom de père, la tradition a qualifié Joseph de « très chaste ». Ce n'est pas une indication simplement affective, mais c'est la synthèse d'une attitude qui exprime le contraire de la possession. La chasteté est le fait de se libérer de la possession dans tous les domaines de la vie. C'est seulement quand un amour est chaste qu'il est vraiment amour. L'amour qui veut posséder devient toujours à la fin dangereux, il emprisonne, étouffe, rend malheureux. Dieu lui-même a aimé l'homme d'un amour chaste, en le laissant libre même de se tromper et de se retourner contre lui. La logique de l'amour est toujours une logique de liberté, et Joseph a su aimer de manière extraordinairement libre. Il ne s'est jamais mis au centre. Il a su se décentrer, mettre au centre de sa vie Marie et Jésus.

Le bonheur de Joseph n'est pas dans la logique du sacrifice de soi, mais du don de soi. On ne perçoit jamais en cet homme de la frustration, mais seulement de la confiance. Son silence persistant ne contient pas de plaintes mais toujours des gestes concrets de confiance. Le monde a besoin de pères [...].

La paternité qui renonce à la tentation de vivre la vie des enfants ouvre toujours tout grand des espaces à l'inédit. Chaque enfant porte toujours avec soi un mystère, un inédit qui peut être révélé seulement avec l'aide d'un père qui respecte sa liberté. Un père qui est conscient de compléter son action éducative et de vivre pleinement la paternité seulement quand il s'est rendu « inutile », quand il voit que l'enfant est autonome et marche tout seul sur les sentiers de la vie, quand il se met dans la situation de Joseph qui a toujours su que cet Enfant n'était pas le sien mais avait été simplement confié à ses soins. Au fond, c'est ce que laisse entendre Jésus quand il dit : « N'appelez personne votre Père sur la terre : car vous n'en avez qu'un, le Père céleste » (Mt 23, 9).

Chaque fois que nous nous trouvons dans la condition d'exercer la paternité, nous devons toujours nous rappeler qu'il ne s'agit jamais d'un exercice de possession, mais d'un « signe » qui renvoie à une paternité plus haute. En un certain sens, nous sommes toujours tous dans la condition de Joseph : une ombre de l'unique Père céleste.

Table des matières

Achevé d'imprimer en novembre 2022 en France par
Sepec numérique Z.A. « Les Bruyères » 1 rue Prony 01960 Péronnas
Numéro d'édition : 22272-04
Dépôt légal : mai 2022

PEFC
10-31-3532

Certifié PEFC

Ce produit est issu de
forêts gérées durablement
et de sources contrôlées

www.pefc-france.org

Ce livre est composé de matériaux issus de forêts bien gérées,
certifiées PEFC et d'autres sources contrôlées.